友だちと仲よくすごすための スキルアップワーク

「こんなときどうする?!」

― 発達障害のある子への SST ―

西岡有香 編
落合由香・石川聡美・竹林由佳 著

明治図書

推薦のことば

　平成19年から全国一斉に小学校，中学校を中心に特別支援教育がスタートしました。特別支援教育では，まず通常の学級の中で担任が一人ひとりの教育ニーズをしっかり捉え，そのニーズに合った指導をしっかり実践していくことが要求されています。さらに「どこでつまずいているのか」の観点が持てるセンシティビティの高い教師が求められています。

　発達障害の児童・生徒は，一見わがまま，自分勝手，人の言うことを聞かない集団を乱す子，泣き出したら止まらない子，何でも一番でないと気がすまないなどなど保育所，幼稚園時代からトラブルメーカーと呼ばれ，小学校に入る頃には母親が孤立していくケースが多く見られます。ここ30年の研究から発達障害の原因は「父母の子育て」ではなく未成熟な脳の働きを含めた大脳機能の障害が関係していることがわかってきました。今まで加害者扱いされてきた母親にとっては，ほっとする瞬間ではありますが，これからどうすればいいのかという難題が残ってしまいました。

　神戸YMCAのサポートクラスでは，1994年よりLDを中心とした発達障害の児童・生徒に対する特別プログラムを毎週行ってきました。100年の歴史のあるYMCAが元来得意としている子どもたちとリーダーと一緒に行う野外活動，その中には集団でルール，規律を守りながら行うサマーキャンプ，土曜日の集団プログラム，絵画教室，体操教室，プールなどがソーシャルスキルの基礎を学ぶ場所となりました。

　神戸YMCAのサポートクラスは，特別支援教育士，特別支援教育士スーパーバイザーの資格を持つ先生方が中心で運営されており，専門性の高い子どものニーズに寄り添った指導が可能な場所となっています。

　今回の発達障害のある生徒へのソーシャルスキルのワークブックは，20年の経験から蓄積してきたソーシャルスキルのノウハウを一冊の本にしたものです。自分の気持ちをことばにするというコミュニケーションが苦手な子どもたちにとって，目に見える実体験のロールプレイング，グループでの意見交換で「どんな気持ち？」をことばで表し，「どうすればいい？」を見通しのある具体的な形で理解していきます。見通しを立てることが苦手な彼らにとってこのワークブックは，「自立していくためのサバイバルガイド」です。

　発達障害の子どもたちは，「一を言って十を悟る」はありません。すべて手取り足取り具体的に教えます。神戸YMCAで生まれたこのノウハウが，これからの特別支援教育現場のバイブルとなることを期待します。

一般財団法人　特別支援教育士資格認定協会理事長
大阪医科大学LDセンター顧問

竹田　契一

まえがき

　神戸 YMCA のサポートプログラムは1994年春，発達障害のある子どものためのプログラムとしてスタートしました。幼児から高校生までの子どもたちが，それぞれのニーズに応じて小グループに分かれ，月1回から3回の頻度で学んでいます。指導の内容には言語コミュニケーション，ソーシャルスキルなどがあります。週1回1時間では定着しにくいため，家庭での意識的な関わりが得られるよう保護者のための学習会や懇談，ペアレントトレーニングなどもおこなっています。保護者自身が申し込みをすること，参加費の負担があることで，保護者の意識は概ね高く，協力的であるといえます。

　サポートプログラム全体の内容については，神戸 YMCA のホームページを参考にしてください (http://www.kobeymca.org/support/)。この本では，神戸 YMCA サポートプログラムで創設初期から行ってきたソーシャルスキル指導の中で，改良を重ねて用いてきた教材の一部を紹介しています。

　この本で紹介した課題は，子どもにさせればソーシャルスキルがすぐに身につくというものではありません。第1章にも書いているように，子どもが知識として知っているからといって，スキルを使えるというわけではないからです。発達障害があり，何らかの学びにくさがある子どもが，スキルを自分のものとして使えるようになるには，適切な練習の場と，子どもの努力を認めて励まし，アドバイスをする大人の存在が必要です。練習やアドバイスの仕方については，各ワークの解説に載せてありますので，参考にしてください。

　この本が，子どもの学びのよい経験の機会となり，助けとなることを願ってやみません。

　　　　　　　　　　　　　　　　　　　　　　　　　　　　　　　　　　著者一同

本書の構成と使い方

　このワークブックは，自分の意見を発表したり，他者の意見を聞くことのできる小学校中・高学年の子どもを対象としています。ワークの設問に沿って記入した後で，少人数グループで意見を発表したり，ロールプレイをしたり，大人がアドバイスしたりしながら使います。

[場面絵]
　イラストを見てそのワークで取り上げている状況を確認します。

[どんな気持ち？]
　もし自分がその状況にいたら，どんな気持ちになるかを考えたり，自分がそういう経験をしたことがあるかどうかを思い起こしてみます。

[どうすればいい？]
①各自で，よいと思うものに○，間違いではない・場合によってはよいと思うものに△，よくないと思うものには×をつけます。自分なりのやり方があれば，「その他」に書きます。
・ふざけてしまったり，よい・悪いの判断がつきにくい子どもには…指示を変えてみましょう。
　　例）「よくないと思うものに×をつけよう」
　　　　→「ケンカになってしまうことには×をつけよう」
②選択肢の1つ1つについて，○・△・×をつけた理由を発表し，話し合います。
・○は1つとは限りません。他の子どもや指導者が納得できるような理由を言えればよいでしょう。
・「その他」についても発表し，妥当かどうか話し合いましょう。
★話し合う中で「人によって考え方が違う」ことを知るのも大切です。

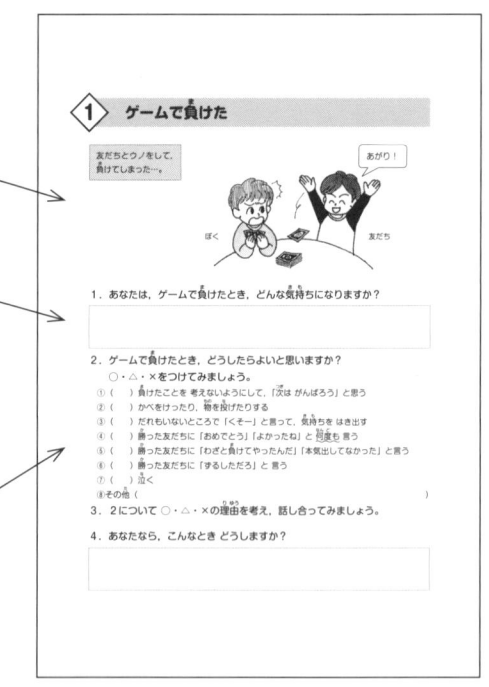

時間や子どもたちのニーズに応じてワークの左ページだけを独立して使用することもできます。

自分が相手の立場だったら？
「もし，自分が逆の立場だったらどう思うか」について考え，相手の気持ちを理解する助けにします。

セリフを考えよう
自分も相手も嫌な気持ちにならないセリフを考えるように，指導者がアドバイスします。
・セリフを思いつかない場合は…
　指導者が，相手のセリフを書く，あらかじめセリフを書いた台本を用意しておくなどの方法もあります。

ロールプレイをしてみよう
自分たちで考えた台本に沿って役割を決めて演じてみます。小道具を使って実際の場面のようにすると気持ちを込めやすくなります。
演じた後は感想を書いて発表します。
★ロールプレイは1つの役だけでなく交代して演じるようにしましょう。役割を交代することで，相手の立場や気持ちを理解しやすくなります。

まとめ
「…なときは，〜しよう」というように，望ましい行動を確認します（→ P.124〜125参照）。

時間のめやす
全体で約20分（ロールプレイをせずに終わる場合は約15分）です。
※グループのメンバーの特性（意見が活発に出るグループ，意見がなかなか出ないグループ）によって変わります。

『こんなときどうする?! 友だちと仲よくすごすためのスキルアップワーク』

もくじ

- ❖ 推薦のことば　3
- ❖ まえがき　5
- 📖 本書の構成と使い方　6

第1章　ソーシャルスキルを子どもに教えるには　11

第2章　ソーシャルスキルワーク＆指導と解説　18

① **ワーク** ゲームで負けた　【指導と解説　20】　18

② **ワーク** ゲームで負けそうだ　【指導と解説　24】　22

　コラム　勝ち負けのこだわりが強い子に…　25

　補充シート　誓約書／ふりかえり　27

③ **ワーク** ゲームで勝った　【指導と解説　30】　28

④ **ワーク** 友だちが失敗して負けた　【指導と解説　34】　32

⑤ **ワーク** 自分ばかりやって，交代しない　【指導と解説　38】　36

　コラム　自分が我慢すれば，うまくいく？　39

⑥ **ワーク** 他の人があてられたのに，自分が答えを言ってしまう　【指導と解説　42】　40

| ⑦ | ワーク | 話したいことがあるのに，友だちはちがう話をしている 【指導と解説 46】 44

| ⑧ | ワーク | 友だちのことを「こんなことも知らないのか」と思った 【指導と解説 50】 48

| ⑨ | ワーク | 「まちがっているよ」と言われた 【指導と解説 54】 52

| ⑩ | ワーク | 友だちが約束の時間におくれてきた 【指導と解説 58】 56

| ⑪ | ワーク | 約束の時間におくれた 【指導と解説 62】 60

| ⑫ | ワーク | 自分の物が見つからない 【指導と解説 66】 64

| ⑬ | ワーク | ほしくない物をもらった 【指導と解説 72】 70

補充シート　たん生日プレゼントを考えよう／
考えてみよう！　この人にはどのプレゼント？　75

| ⑭ | ワーク | 物をかりたい 【指導と解説 78】 76

コラム　貸してもらえないことが受け入れられない　79

| ⑮ | ワーク | 「かして」と言われた 【指導と解説 82】 80

コラム　何も答えず黙っていると…　83

| ⑯ | ワーク | うっかり人の物をこわしてしまった 【指導と解説 86】 84

| ⑰ | ワーク | かした物をよごされた 【指導と解説 90】 | 88 |

| ⑱ | ワーク | 仲間に入れてほしい 【指導と解説 94】 | 92 |

| ⑲ | ワーク | みんなで遊んでいるとちゅうで やめたくなった 【指導と解説 98】 | 96 |

| ⑳ | ワーク | 何かしているときに, 友だちにさそわれた 【指導と解説 102】 | 100 |

| ㉑ | ワーク | 友だちとしたい遊びがちがう 【指導と解説 106】 | 104 |

| ㉒ | ワーク | しかられている人がいる 【指導と解説 110】 | 108 |

　　コラム　誰かが叱られている！　110

| ㉓ | ワーク | いやなことを言われた 【指導と解説 114】 | 112 |

　　コラム　苦手な子も参加できる工夫を　115

| ㉔ | ワーク | ふざけていたのに, ついついやりすぎてしまった 【指導と解説 118】 | 116 |

　　コラム　夢中になると周りが見えなくなる　119

| ㉕ | ワーク | してはいけないことにさそわれた 【指導と解説 122】 | 120 |

　　友だち関係に役立つルール集：博士のワンポイントアドバイス　124

第1章　ソーシャルスキルを子どもに教えるには

　ソーシャルスキルとは

　ソーシャルスキル（社会的スキル）とは，人が他者とうまくつきあっていく上で必要な知識や，つきあい方のコツ，技（わざ）をさします。庄司（1994）は，表1のように「社会的スキルは学習されるもので，対人関係の中で展開され，他者との相互作用の中で個人の目標達成に有効であり，ソーシャルスキルがあると社会的にも受容される」と示しています。

　ソーシャルスキルはその知識をもっているだけでは，スキルがあるとは言えません。ソーシャルスキルを使うべき場面で実行して初めて有効なのです。そのためには，まずその対人場面がどのような場面であるか理解し，どのソーシャルスキルを用いるのがよいか判断する必要があります。この判断のためには，相手と状況に注意を向け，言語的あるいは非言語的に示される相手の様々な情報や反応を知覚して読み取り，過去の経験に基づく知識やデータと比較しながら解釈を与える，という認知的側面を働かせなければなりません。

表1　ソーシャルスキルとは

- 学習される
- 対人関係の中で展開される
- 他者との相互作用の中で個人の目標達成に有効である
- 社会的に受容される

庄司一子（1994）による

　なぜ発達障害のある子どもがソーシャルスキルを学びにくいのか

　ソーシャルスキルは，友だちや大人がしている行動をまねる（モデリング），自分の行った行動（例：ありがとうと言う）に対して褒められるといった強化によって学習され，積み重ねられていきます。例えば，5歳の子どもが電車で高齢者に席を譲って，「まあ，ありがとう。小さいのにえらいわね。本当にありがとうね」と笑顔で頭をなでてもらったとします。たとえ，それが保護者に促された結果としての行動でも，子どもは他の人が大勢いる前で褒めてもらえるので自尊心も高まり，また次に同じようなことがあれば，席を譲ってあげようと思うことでしょう。そして，この場面を見ていた他の子どもは，自分も同じようにするとよいのだと思うのです。このように，私たちは普段の自然な生活場面の中で，周囲の人がスキルをうまく使って成功している場面を見習いながら自分も使ってみて成功すると，それ以降も使えるようにな

っていきます。

　ところが，学習を阻害するような注意力の問題や，認知能力の偏りがある場合には，そのような場面に出会っても気づかず，学びそこねていることが多くなります。さらに，ソーシャルスキルが対人関係の中で展開されることを考えると，一人でいることが多いと学習経験も少なくなり，学んだものを実行する機会も減って成功体験もあまり積めない，という悪循環に陥ってしまいます。つまり，友だちが少ない子どもほどソーシャルスキルが未熟で，さらにソーシャルスキルを学んだり発揮したりする場が少なくなり，新しい友だちはできず友情関係を維持することも難しくなってしまう，ということが起こりやすいのです。

　近年，学校教育の中にもソーシャルスキル教育（SSE）が取り入れられ，学級全体として子どもの対人関係能力の向上を目指すようになりました。発達障害のある子どもがソーシャルスキルに未熟なばかりではなく，子ども全体の対人関係能力の弱さが指摘されてきたからです。学校でソーシャルスキル教育によって，よい行動のモデルを示せる子どもが増えると，それを見習う子どもが増えます。発達障害のある子どもも，身近なところにモデルがあり，実際にスキルを使うべき場面で適切な助言があることで，ソーシャルスキルを学び身につけていくチャンスが増えることにつながるでしょう。

 ソーシャルスキルを教える前に行う子どもの評価（実態把握）

　ソーシャルスキルを教えるという設定場面では，数多くあるスキルの中から何をターゲットにして教えるのか，対象となる子どもに合わせて指導目標と課題を決めます。その上で，個々の子どもの特性にあわせた学習上の配慮や工夫と，対人場面での成功体験を積める機会の提供が重要になります。

　また，ソーシャルスキルはグループで指導することが多いのですが，グループの構成メンバーを決めるためにも，参加者全ての認知特性，行動特性の事前評価の情報が必要です。つまり，子どもが学びやすい環境を作るために，どのような小集団で学習するのかということが大切な鍵となるのです。グループ作りでは，同じニーズを持つ子どもで認知能力と年齢に大きな差がないようにしないと，同じ指導目標で学習することに無理が生じてしまいます。

　本書で紹介するスキルを学習する際にも，事前の評価からわかった子どもの特性に応じて，伝え方や練習のさせ方，時間設定などについての配慮や工夫を行います。時には追加教材を使ったり，一度に練習させる範囲を限定したりすることも必要でしょう。また，指導を始める前に評価を行っておくことは，指導内容が適切であったか，指導効果があったかということを振り返り，指導計画を立て直すためにも必要です。

　では，どのようにして子どもの実態について評価するのでしょうか？　ソーシャルスキルの獲得には認知能力，注意力，行動や感情のコントロール力，記憶力が欠かせません。そこで，

表2　SSTを始める前に行う評価

障害判断，認知能力をみる基本の検査	社会性に関するもの
☞ 生育歴 ☞ WISC－Ⅲ／WISC－Ⅳ ☞ K－ABC ☞ 読み書き能力 　▶ 書き取りなど 　▶ まんが説明作文 　▶ TK式読み能力診断検査 ☞ DAM（人物画） ☞ フロスティッグ視知覚発達検査	☞ アスペルガー症候群豪州版スケール ☞ 心の理論課題 ☞ 社会性のチェックリスト

　評価については，社会性の領域だけに限らず，様々な角度からの評価を子どもの負担にならないように行うことが重要です。表2にSSTを始める前に行う評価に用いる検査等を示します。

　認知能力全体を見るのには，個別で行われるWISC－Ⅳ（またはWISC－Ⅲ），K－ABCなどを用います。これらの検査結果からは，全体的な認知能力，言語能力，非言語能力など様々な情報が得られます。しかし，それらは個別の場面ではこれくらいできる，～を苦手としている，ということであって，集団場面でもその力が発揮できるとは限らないことを忘れてはなりません。ソーシャルスキルの問題が発現するのは集団場面です。個別の検査場面だけの情報で判断せず，集団場面の子どもの様子を観察することをお勧めします。

　社会性については，集団場面や検査以外の場面での子どもの様子を直接観察することができない場合も，また，直接観察することが可能な場合にも，質問紙を用いて決まった項目について子どもの様子がわかるように評価していくことができます。「LD・ADHDへのソーシャルスキルトレーニング」（小貫・名越・三和 2004）の中に紹介されている社会性チェックリストなどを用いるとよいでしょう。

ソーシャルスキルの指導原則と方法

　ソーシャルスキルには対人関係の中で使う様々なスキルが含まれています。そこで，指導にあたってはまず子どもが年齢相応に身につけていないスキルを評価によって特定し，優先順位を考えながらスキルの学習を行います。

　指導の手順としては，はじめに指導するスキルについての**教示**（いつ，どのようにそのスキルを使うか，なぜそのスキルを使うか，具体的にどのように行うか）を行います。教示を行う際には，口頭による説明が多くなると思いますが，その口頭による説明の仕方が，対象の子どもの理解力にあうような配慮と工夫が大切です。教示に続き，**モデル（モデリング）**を示しま

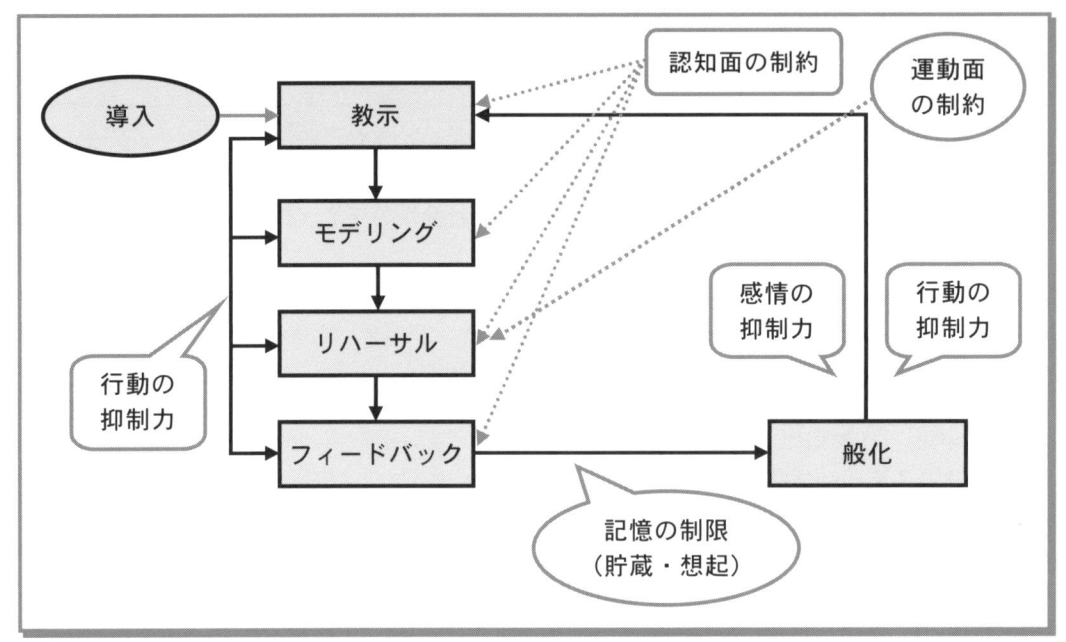

図1 ソーシャルスキル学習の過程と習得のつまずき

す。モデルはよいモデルだけを示す場合もありますが、まず先に悪いモデルを見せてから、よいモデルを示す方法もあります。課題の内容に応じて対応するとよいでしょう。次に、子ども自身にロールプレイなどをさせながら繰り返し練習（リハーサル）を行います。そのリハーサルの状態については、肯定的なフィードバックを行い、どうすればもっとよくなるかという提案をして修正を図ります。

　この指導の過程で、子ども自身に注意力や認知能力に弱い部分があったり、感情のコントロールや行動のコントロールができなかったりすると、図1のように一連の学習が成立していないことがあります。不器用さや協調運動が苦手であるなど、運動面の弱さのある子どもの場合には、モデルを見せられても、その通りに模倣することがうまくできないといったことがあるでしょう。また、記憶の問題がある場合には、繰り返し練習をしても覚えきれないということや、言われたら思い出せるけれども、自分では思い出せないという場合もあるでしょう。

　指導の原則として覚えておきたいのは、子どもがこの学習の過程で成功体験が得られるということです。フィードバックは肯定的に行うと先述しましたが、自分が練習していることについて、否定されたりダメだしばかりされたりすると、練習の意欲を失います。もちろん、改善点についても「〜すると、もっとよくなると思います」といった提案をして伝えますが、よい点を子どもに伝え、子どもの練習していることに成果があることを伝えることが大切なのです。子どもも大人も、周囲の人に認められる（褒められた）ので、意欲をもって次の学習や仕事をし、学習したことを他の場面でもやってみようとします。どんなに小さなことでも、よい点や努力している点を見つけて子どもに伝える、大人側の努力が欠かせません。また、子どもが成

功できるためには，子どもの状態にあった課題を選ぶことです。それにはやはり事前の評価がポイントとなります。

5　ソーシャルスキルトレーニングの指導内容

　ソーシャルスキルは学習するものという考えで，指導の原則とその方法について説明をしてきました。ところで，何をいつ教えるか，ということについては，障害のタイプや子どもの実際の年齢，発達年齢によって異なります。

　ではソーシャルスキルの指導は，いつから開始できるでしょうか。ソーシャルスキルの指導では，標的にするスキルを決めて学習をしますが，そのスキルにも発達に応じた段階があります。まず幼児期には，学習態度の形成（一定時間着席して課題に取り組める，指示が理解できる，指示に従う）を目指します。学習態度の形成に含まれているスキルは，集団行動をとる土台となる重要なもので，学校という社会で適応するために欠かせません。

　指導課題の内容は，子どもの生活年齢，社会性の発達年齢によって変わりますが，障害の特性によっても，より重点的に学習をする必要のある内容があります。本書では，小学校高学年を対象とした課題を取り扱っていますが，それまでにどのような内容を指導すればよいかも含めて小学生での主な課題を次に紹介しましょう。

(1) 小学校低学年
① 学校のルール，教室のルールを教える

　小学校入学時には発達障害の特性のある子どもが学級にいるかもしれない，あるいは集団生活のルールをあまりよく理解しないで入学してきている子どもがいるかもしれないと考えて，学校や教室でのルールは，学年の始めに確認しておくことが大切です。学校の現状を考えると，それは低学年の間は毎年といってよいくらい必要な確認であるとも思えます。また，障害特性によっては，ルールや決まりの学習をしてもすぐ忘れてしまう，他のことに熱中するあまり忘れているということがおこります。そのためには，ルールについての繰り返しの確認や，何かを始める前には前提となっているルールや決まりの確認が重要となります。

　ルールを教えるときには，「～をしてはいけない」というルールの説明ではなく，「～しよう」という望ましい行動，してほしい行動をルールとして視覚的にも呈示します。一斉授業では，質問や発言があるときには静かに挙手し，あてられるまで黙って待つ，トイレは休み時間に行く，何かを借りたいときには「貸してください」と言う，「ありがとう」「ごめんなさい」を言う，など基本的なところをしっかりと習慣化することが低学年の時期に求められます。

② 場面や状況を理解する力を高める

　状況を把握するためには，注意力や視覚的認知能力，言語能力など多角的な力が要求されま

す。わかりにくい子どもには，1つ1つ，丁寧に「～だから，…なのです」というように考え方の理由とセットにして伝えていきます。その場面の説明だけでなく，次にどうなるかを予想させたり，その前にどんなことがあったかを思い出して言語化させたりするようなこともよい課題です。絵や写真，DVDの映像の一時停止画面などを使って，その場面の状況について点検した上，どうなっているのかをことばで説明する練習をしていきましょう。

③ 他者の気持ちを理解する力を育てる

自分の気持ちには敏感ですが，人の気持ちを想像することができず，また，自分が他の人からどう見えているかということがわかりにくい子どもがいます。わがまま勝手なように見えますが，本当に「わかっていない」ことがあるので，他の人は「～なときに…と思う」ということを教えていくステップが必要です。また，ことばが達者だといいながらも，気持ちを表すことば（語彙）のレパートリーが少ない場合もあるので，相手の発言の意味あいについても，確認する必要があります。

小学校3年生頃になると，他の子どもと自分の違いに気づき始める子どもがでてきます。友だちと遊びたいのにうまく遊べないということや，自分はこう思うけれど，みんなはそうは思わないようだ，ということに気づき，悩み始めるのもこの頃です。いじめられている，仲間はずれにされていると発言するようになり，学校へ行きたくないと言い出すのも，また，トラブルが頻繁に起こるようになるのも低学年から高学年への移行期です。本人の気持ちを表現すること，他の人の気持ちに気づくことを，この時期に始めておきましょう。

(2) 小学校高学年
① 他者の気持ちを理解する力を育てる

低学年に始めた気持ちの理解を引き続き進めていきます。自分の気持ちについては，特にイライラ度がどれくらいであるか察知できる力をつけていきたいものです。怒りのレベルをグラフで表すなど，ことばでは伝えきれないところを伝える方法を教え，爆発する前に対処することができることを目標にします。

相手の気持ちを理解させようと「あなたが同じことをされたらどんな気持ち？」と聞くと「別に～」，「自分がされたら嫌なことはしないように」と言うと「そんなの無理」という応答が返ってくると，大人のほうが怒りを爆発させてしまいそうになります。子どもにソーシャルスキルを教えようとする大人もソーシャルスキルを発揮して，子どもの挑発的な態度や反抗に対して冷静に対処することが大切です。

低学年のところでも述べましたが，本人がどう思おうと，まずは相手の感情を説明し，また，不適切な行動の結果，どういうことが自分に起こるか（例：もう一緒には遊んでくれない，サッカーチームに入れてもらえない等）ということも含めて説明するとよいでしょう。

② 自己理解の力を育てる

　もともと勉強は得意でない子どもがいます。しかし，高学年，中学生になるとそれまで勉強はできると思っていたのに，思うように点数がとれず，完璧主義である本人の自尊心を大きく傷つけることも起こります。「いじめ」があるからという理由ではなく，自分が"できる"状態を保てなくなったので，"学校に行かない"ことを選択してしまう場合もあるのです。このようなことを防ぎ，勉強ができることだけに価値をおかず，自分のよい面・強い面に目を向けることができるようにという意味で，自己理解を促すことは大切です。また，自己理解ができると，進路を考えるときにも前向きに，自分の得意なことを活かした進路を考えることも可能になります。

　低学年のときにはまだ「心の理論」課題（他者の心の動きを類推する機能をはかる課題のこと）を通過できなかった子どもが，成長とともに他者の視点に立って考えることができるようになると，自分は他者からどう見えているかということを考えられるようになります。小学校高学年にならないと，自分の得意／不得意や，周囲の人から見たら自分はどんな人か，ということを考えるのは難しいので，「心の理論」の通過の状況をみながら，得意なことに目を向けていけるよう指導します。

　実際の指導では，直接的に「あなたの得意なことは？」と問うこともできますが，例えば，他己紹介のゲームを通して，友だちに「○君は鉛筆や消しゴムを貸してくれるなどやさしいところがあります」と言われて，自分のよいところを確認する機会とするのもよいでしょう。

　本書では，様々な場面を想定しその場で何が起こっているか，何に気づけばよいか，他者はどう思っているかについて考えるステップを取り入れています。詳しい利用方法は使い方のところに解説されていますが，指導の対象となる子どもの特性，興味関心にあわせて変形しながら，学びが楽しく，達成感が得られるようにそれぞれの指導の場での工夫をお願いします。

　子どもたちに明るい笑顔で過ごす時間が増え，互いに支え合う仲間ができることを祈ります。

〈西岡　有香〉

参考文献

・庄司一子（1994）「子どもの社会的スキル」『社会的スキルの心理学』菊池章夫・堀毛一也編著　川島書店
・菊池章夫（1994）「何が社会的スキルか」『社会的スキルの心理学』菊池章夫・堀毛一也編著　川島書店
・小貫悟・名越斉子・三和彩（2004）『LD・ADHDへのソーシャルスキルトレーニング』日本文化科学社

第2章 ソーシャルスキルワーク&指導と解説

 ゲームで負けた

友だちとウノをして，負けてしまった…。

1．あなたは，ゲームで負けたとき，どんな気持ちになりますか？

2．ゲームで負けたとき，どうしたらよいと思いますか？
　　○・△・×をつけてみましょう。
①（　　）負けたことを 考えないようにして，「次は がんばろう」と思う
②（　　）かべをけったり，物を投げたりする
③（　　）だれもいないところで「くそー」と言って，気持ちを はき出す
④（　　）勝った友だちに「おめでとう」「よかったね」と 何度も 言う
⑤（　　）勝った友だちに「わざと負けてやったんだ」「本気出してなかった」と言う
⑥（　　）勝った友だちに「ずるしただろ」と 言う
⑦（　　）泣く
⑧その他（　　　　　　　　　　　　　　　　　　　　　　　　　　　　）

3．2について ○・△・×の理由を考え，話し合ってみましょう。

4．あなたなら，こんなとき どうしますか？

名前

5．もし反対に，ゲームに負けて おこったり 泣いたりしている人がいたら，あなたは どう思いますか？

6．セリフを考えてみましょう。

ウノをしているときのことです。友だちのカードが残り1まいになりました。

友だち：ウノ！

あなた：

友だち：やった～！　あがり！

あなた：

7．ロールプレイをしてみましょう。

8．ロールプレイをしてみた感想や，気づいたことを 書いてみましょう。

☞ゲームをすると，勝つ人もいれば，負ける人もいるよ。勝ったり負けたりするから，ゲームは楽しいんだね。
☞負けたときは，泣いたり おこったりせずに気持ちを切りかえる方法を考えよう。
どうしても おこってしまいそうなときは，
最初から（　　　　　　　　　　）のも1つの方法だね。

指導と解説

❶ ゲームで負けた

ねらい

☑ 負けたときに，怒ったり泣いたりして，相手に不快な思いをさせない。
☑ 負けたときにイライラする気持ちをコントロールできる。

指導上の留意点

✎ 設問1
ゲームで負けたときにどんな気持ちになるかを聞き，一般的には不快な気持ち（悔しい・腹が立つ・悲しいなど）になる人が多いことを確認します。

✎ 設問2
負けるのは悔しいですが，人や物にあたったり（②），勝った人に負け惜しみを言ったり（④⑤⑥）しないことを教えます。

☺ ⑦「泣く」に○をつける子には…
→「泣いたらどうなると思う？」と聞き，恥ずかしい，からかわれる，ゲームが楽しくなくなる，ということに気づかせます。また，みんなの前では泣かない方がよいことや，外に出て気持ちを落ちつけるなどの対処法を伝えます。

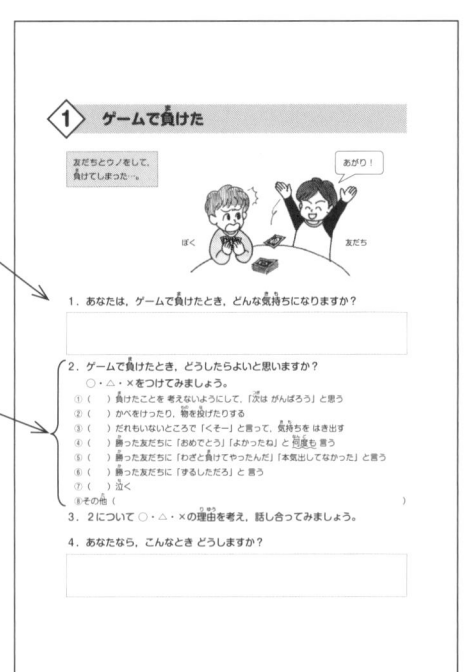

このワークの後で

◆気持ちのコントロール法を教えます。
　①②を参考にして，子どもに合った方法を見つけましょう。気持ちをコントロールするには，次のような方法があります。
　①気持ちを落ち着ける
　　例）深呼吸する，数を数える，「落ちつけ，落ちつけ」と言う，クッションをたたく，「くやしい」と声に出して言う，離れた場所で大声を出す
　②気持ちを切り替える
　　例）その場所から離れる，「次，がんばろう」と考えるようにする

たとえばこんな子に…

- 😐 負けると，人や物にあたる子
- 😐 負けると，負け惜しみを言う子

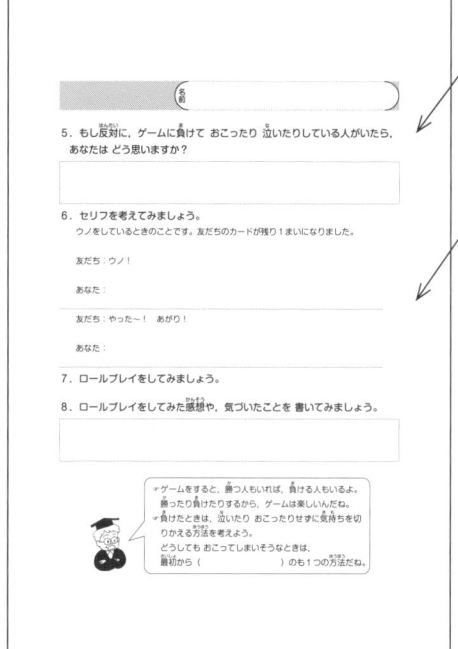

✎ 設問5
自分と相手の立場を置き換え，ゲームに負けた人が怒ったり泣いたりしているときの自分の気持ちを考えます。

✎ 設問6
悔しい気持ちを「あー，残念」「くやしいなあ」などの適切なことばで表現したり，「次はがんばろう」などの気持ちを切り替えるためのことばが記入できるように，アドバイスします。

生活の中での指導

◆実際にゲームをする中で，指導者が負けたときに，望ましい見本を見せます。
　例）「悔しい！　腹が立つけど，次はがんばるぞ！」
　　　「負けちゃった…。泣きそうだけど，みんなが見ているし，我慢しよう」
　　　（望ましい対応を言語化して伝える）

〈落合　由香〉

② ゲームで負けそうだ

友だちとすごろくをしていて，みんなと差がついてしまった。このままだと負けてしまう…。

ぼく

1．ゲームで負けそうなとき，あなたは どんな気持ちになりますか？

　

2．ゲームで負けそうなとき，どうしたらよいと思いますか？
　　○・△・×をつけてみましょう。
① (　　) ずるをして さいころを ふり直したり，こっそりコマを進めたりする
② (　　) 「最後まで 勝負はわからない」と思って がんばる
③ (　　) 「トイレに行ってくる」などと言って，その場所をはなれて 気持ちを落ち着けてから，ゲームにもどる
④ (　　) 他の人のコマを ひっくり返したり，さいころをかべに投げつけたりする
⑤ (　　) 泣く
⑥ (　　) 「こんなゲーム，おもしろくない」と言って，とちゅうで やめる
⑦その他（　　　　　　　　　　　　　　　　　　　　　　　　　　　）

3．2について ○・△・×の理由を考え，話し合ってみましょう。

4．あなたなら，こんなとき どうしますか？

名前

5．もし反対に，いっしょにゲームをしている友だちが，負けそうになっておこりだしたり，とちゅうでやめてしまったりしたら，どんな気持ちになりますか？

6．あなたが，ゲームに負けそうになって イライラしたときは，どうすれば気持ちを 落ち着けることが できますか？

7．セリフや行動を考えてみましょう。

　　すごろくで，友だちがさいころを ふると 6が出ました。あと1回で ゴールできそうです。

　あなた：

　友だち：

8．ロールプレイをしてみましょう。

9．ロールプレイをしてみた感想や，気づいたことを 書いてみましょう。

☞ゲームの勝ち負けは 最後までやってみないと（　　　　　　　　）ね。
☞負けそうになって，おこったり，とちゅうでやめたり，ずるをしたりするといっしょにやっている友だちが（　　　　　　　　）気持ちになるね。負けそうなときは，気持ちを切りかえる方法を考えよう。
☞どうしてもおこってしまいそうなときは，最初から（　　　　　　　）のも 1つの方法だね。

指導と解説

❷ ゲームで負けそうだ

ねらい

☑ 負けそうなときに，相手に不快な思いをさせない。
☑ 負けそうなときに，イライラする気持ちをコントロールできる。

指導上の留意点

✎ 設問1
ゲームで負けそうなときにどんな気持ちになるかを聞き，一般的には不快な気持ち（イライラする，悲しいなど）になる人が多いことを確認します。

✎ 設問2
負けそうになるとイライラすることがありますが，ずるをしたり（①），人や物にあたったり（④），途中でやめてしまったり（⑥）しないことを教えます。
☺ ⑤「泣く」に○をつける子には…
→理由を聞き，まだ負けたわけではないし，みんなの前では泣かない方がよいことを伝えます。

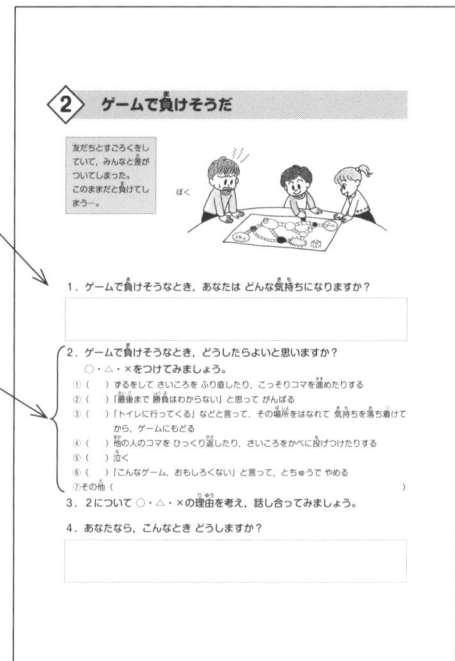

このワークの後で

◆気持ちのコントロール法を教えます。

①②を参考にして，子どもに合った方法を見つけましょう。気持ちをコントロールするには，次のような方法があります。

①気持ちを落ちつける

例）深呼吸する，数を数える，「落ちつけ，落ちつけ」と言う，「挽回するぞ」と小さい声で言う

②気持ちを切り替える

例）「勝負は最後までわからない」と考えるようにする，その場から少し離れる（トイレに行くなど），お茶を飲む

たとえばこんな子に…

- 😐 負けそうになると，ずるをしたり，勝手にルールを変えてしまう子
- 😐 負けそうになると，人や物にあたる子
- 😐 負けそうになると，途中でやめてしまう子

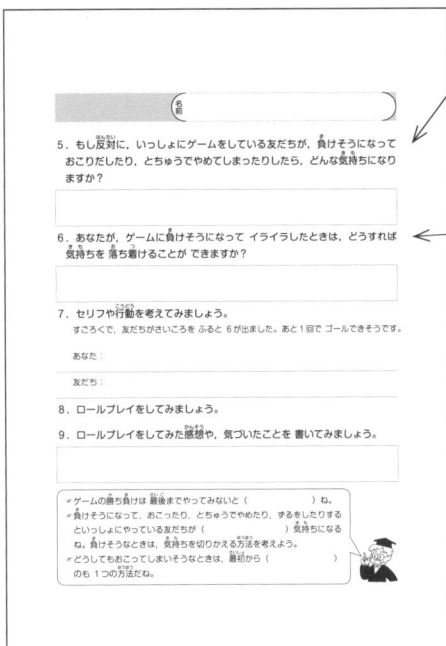

✎ **設問5**
自分と相手の立場を置き換え，ゲームに負けそうな人が怒ったり泣いたりしているときの自分の気持ちを考えます。

✎ **設問6**
自分はイライラしたときにどうしているかを考えさせ，発表し合って，いろいろな方法があることを知ります。

コラム　勝ち負けのこだわりが強い子に…

　負けることが許せない子が，ロールプレイなのに「負けるのがイヤ」と言って怒っていることがありました。「今日は調子が悪くて，負けたら怒ってしまうから，見ておく」という台本を用意しておき，「負けても怒らない」台本とどちらにするかを選ばせると，その日の気分によって，「見ておく」という台本を選んでいることもありました。実際の場面では，勝負には加わらなくても，「審判」として遊びの中に加わったり，見学したりするなどの方法もあります。SSTを積み重ねて，高学年で「今日は我慢できそう」「今日は爆発してしまいそう」というように自分のコンディションを把握できるようになった子は，「今日は見学するね」と自分で言えるようになりました。

ワーク1・2・3の後で

◆実際にゲームをしてみます。
《準備するもの》
　10〜15分程度で終わるゲーム（トランプなどのカードゲーム，すごろくなど），ゲームの約束（誓約書）・ふりかえりシート，ごほうび（シールやポイント制など）
《手順》
1　ゲームをする前に…
　・気持ちのコントロール法を提示しておきます（「深呼吸する」「保健室・廊下へ行く」など）。
　・「約束」（誓約書）を確認してサインをします。
　・子どもによっては，シールやポイント制を取り入れ，約束を守れたときのごほうびにします。
2　ゲームをします
　・ゲーム中に指導者が励ましの声をかけることも大切です。

> 声かけの例
> 「がまんできてるね」「勝負は最後までわからないよ」「ドンマイ」「挽回しよう」
> 「（泣きそうになったときに）泣かないでがんばってるね」
> 「○○（落ち着ける場所）に行っておいで」「（負けたときに）勝ちたかったんだね」

3　ゲームが終わったら…
　・「ふりかえりシート」で，自分の行動を振り返ります（自己評価）。
　・指導者が子どものがんばった点をほめ，次に気をつける点を伝えます（他者評価）。
　・シールやポイント制を取り入れている場合は，約束を守れたら，ごほうびをあげます。

取り組みのヒント

①発想の転換
　じゃんけんなどで，「負けた人から先にできる」「負けた人が先に選べる」など「負けてもよいことがある」ようなルールを作ることで，負けることへの抵抗を小さくすることができます。
②「作戦を考える楽しさ」が「勝敗のこだわり」に勝る場合も…
　トランプの「大富豪」や，オセロ，囲碁，将棋などは，作戦を考える楽しさが勝ち負けに勝ることがあり，負けても怒らずに楽しく取り組めるようです。高学年になっても勝ち負けへのこだわりが続く場合は，このようなゲームに取り組んでみるのもよいでしょう。
③ごほうびには…
　ちょっとしたごほうびがもらえることで，イライラする気持ちをコントロールすることの助けになります。
　・その子が喜ぶもの（キラキラシール，電車のシール，好きなキャラクターのスタンプなど）
　・ポイントがたまったら，「好きなゲームができる」「学期の終わりのお楽しみ会で，好きなジュースを飲める」など

ふりかえり

今日は　　　　　　　といういうゲームをしました。

あてはまるところに○をつけましょう。

1. ルールを守る
   できた　・　まあまあ　・　できなかった
2. 途中でやめずに、最後までゲームに参加する
   できた　・　まあまあ　・　できなかった
3. ゲームで勝ってもいばらない、負けてもおこらない
   ①勝った人→　できた　・　まあまあ　・　できなかった
   ②負けた人→　できた　・　まあまあ　・　できなかった

★きょうのゲームの感想をどうぞ

せいやくしょ　誓約書

今日は　　　　　　　といういうゲームをします。

ぼく／わたしは、

1. ルールを守ります。
2. 途中でやめずに、最後まで参加します。
3. 勝ってもいばりません。
   負けてもおこりません。

ぼく／わたしは、この約束を守ることを誓います。

　　　年　　月　　日

サイン

高学年では、5段階や％で自己評価してもよいでしょう。スタンプを押したり、シールを貼る欄を作るなど、いろいろとアレンジして使います。

〈落合　由香〉

③ ゲームで勝った

友だちとトランプをして，勝った！

1．あなたは ゲームで勝ったら どんな気持ちになりますか？

2．ゲームで勝ったとき，どうしたらよいと思いますか？
　　○・△・×をつけてみましょう。
① (　　) 「勝った！」「勝つのは○回目だ！」と勝ったことを じまんする
② (　　) 「やった〜！」と1回だけ言う
③ (　　) 勝ってうれしいので，小さくガッツポーズをする
④ (　　) 負けた友だちに「○くん，何位？」「○くん，負けたね」と言う
⑤ (　　) 負けた友だちに「弱いな〜，どうして勝てないの？」と言う
⑥ (　　) 負けた友だちは くやしいと思うので，そっとしておく
⑦その他 (　　　　　　　　　　　　　　　　　　　　　　　　　　)

3．2について ○・△・×の理由を考え，話し合ってみましょう。

4．あなたなら，こんなとき どうしますか？

名前

5．あなたがゲームに負けたとき，友だちに してほしくないことは どんなことですか？

6．セリフや行動を考えてみましょう。

　　ババぬきで，あなたが1番にあがりました。

　　あなた：

　　友だち：

　　あなた：

7．ロールプレイをしてみましょう。

8．ロールプレイをしてみた感想や，気づいたことを 書いてみましょう。

☞ゲームに勝ったら うれしいよね。
でも，勝ったことをじまんしすぎると，負けた人が
（　　　　　　　　）気持ちになるね。
言いすぎないように 気をつけよう。

指導と解説

❸ ゲームで勝った

ねらい

☑ 自分が勝ったとき，相手に不快な思いをさせないように，勝ったことを言い過ぎない。

指導上の留意点

✎ 設問1
ゲームで勝ったときにどんな気持ちになるかを聞きます。

✎ 設問2
誰にとっても，負けるのは嫌で，勝つのはうれしいものです。しかし，そのうれしさから負けた人の前で自慢しすぎたり（①），いちいち負けたことを指摘する（④⑤）ことはしてはいけないことを教えます。

☺ ②「『やった～！』と1回だけ言う」に×をつける子（うれしい気持ちを絶対出してはいけない，我慢しなければいけないと考える子）には…

↳勝ったことを素直に表現することは悪いことではないと伝えます。けれども，それを負けた子の前で言ったり，何度も言ったりしないこともあわせて教えます。

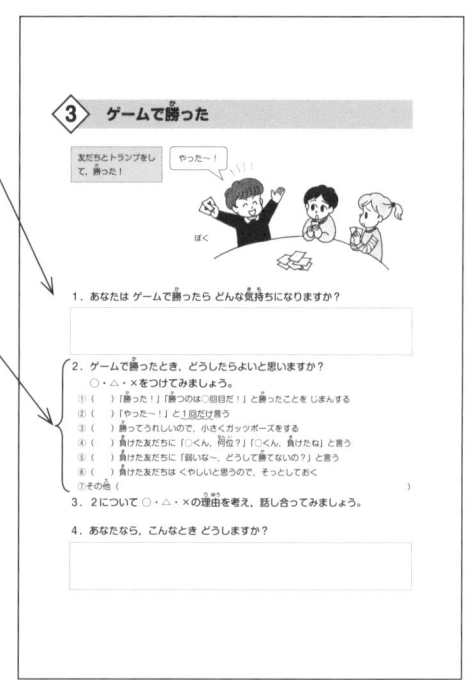

生活の中での指導

◆ゲームや競技を始める前に，勝ったときの望ましい表現のしかたを確認します。

例）「1回だけ"やった！"と言う」
（「勝ったことを言い過ぎない」と伝えるより，言ってもよい回数を具体的に教えた方が，わかりやすい）
「小さくガッツポーズをする」
（実際にやってみて，どのぐらいのポーズなら負けた人が気を悪くしないか確認しておく）

たとえばこんな子に…

- 😐 勝ったことをいつまでも言い続ける子
- 😐 勝ったときに、他の友だちをいやな気持ちにさせるようなことを言う子

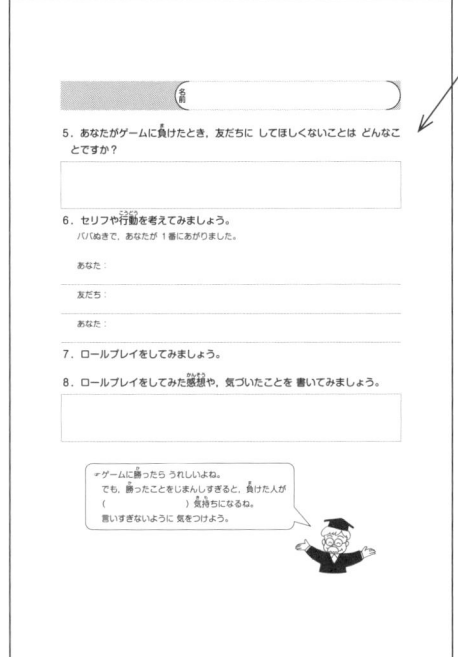

✎ 設問5
1) 自分と相手の立場を変えて、自分がゲームに負けたときに、勝った人にしてほしくないことを考えます。
2) 発表し合って、他の人がどういうことをしてほしくないと考えているかを知ります。
3) 人がしてほしくないと言っていることは、自分が気にならなくても、しないことを確認します。

◆指導者が勝ったときに、望ましい見本を見せます。
　例）「勝った！　でも勝ったことを言い過ぎないように、1回だけにしておこう」
　　　（勝ったことを喜び、言い過ぎないことを言語化して伝える）

〈落合　由香〉

4　友だちが失敗して負けた

リレーで，同じチームの人がころんで負けてしまった。

1．同じチームの人の失敗で自分のチームが負けたとき，どんな気持ちになりますか？

| |
| |

2．同じチームの人が失敗して負けたとき，どうしたらよいと思いますか？
　　○・△・×をつけてみましょう。
① (　　) 失敗した人に「おまえのせいで 負けた」と言う
② (　　) 「あいつのせいで 負けた」と他の人に言う
③ (　　) 失敗した人に「気にしなくていいよ」と言う
④ (　　) 失敗した人も くやしいと思うので，そっとしておく
⑤ (　　) いつまでも くよくよせず，他のことを考えて，負けたことを わすれる
⑥その他（　　　　　　　　　　　　　　　　　　　　　　　　　　　　　　　）

3．2について ○・△・×の理由を考え，話し合ってみましょう。

4．あなたなら，こんなとき どうしますか？

| |
| |

名前

5．もし反対に，あなたが失敗したために チームが負けたら，チームの人に どんなふうにして（言って）ほしいですか？

6．セリフを考えてみましょう。

友だち：ころんでしまって，ごめん。

あなた：

友だち：

7．ロールプレイをしてみましょう。

8．ロールプレイをしてみた感想や，気づいたことを 書いてみましょう。

☞ だれでも 失敗したり，うまくいかなかったりすることが あるよね。
失敗した人も 気にしていると思うよ。
　そんなときは（　　　　　　　　　　　　　　　）。
☞ 負けて くやしいときは，気持ちを切りかえて，
　（　　　　　　　　　　　　　　　　　　）。

指導と解説

❹ 友だちが失敗して負けた

ねらい

☑ 自分のチームが負けたときに、チームの友だちを責めない。

指導上の留意点

✎ 設問1
同じチームの人の失敗で自分のチームが負けたときにどんな気持ちになるかを聞きます。実際にそういう経験をしたことがある場合は、どういう状況だったか、そのときどんな行動をとったかを聞きます。

✎ 設問2
☺ ①②「失敗した人を責める」に○をつける子（本当のことだから言ってもよいと考える子）には…
→誰でも失敗することがあるし、苦手なことがあります。失敗した人の気持ちを考えて、失敗した人を責めることはしてはいけないと教えます。

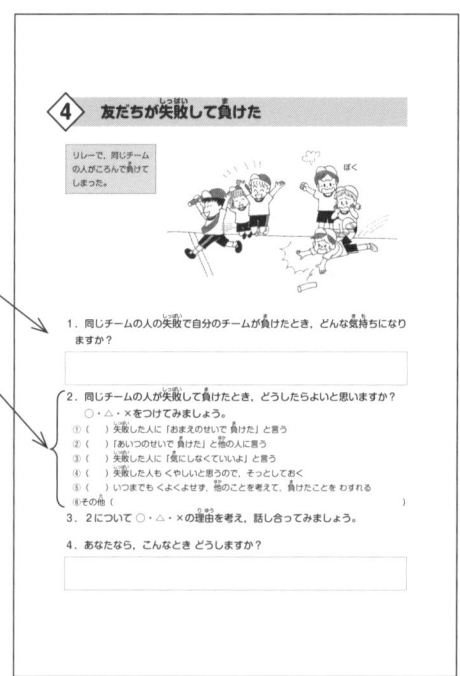

生活の中での指導

◆結果よりも、競技でがんばったことに目を向けさせるようにします。
　例）「最後までがんばって走っていたね」「みんなで協力できたね」
◆指導者は、「勝ちたかったんだね」と子どもの気持ちを受け止めた上で、競技とは別の話題を話すなどで、気持ちを切り替えるように促します。

たとえばこんな子に…

☹ 自分のチームが負けると，チームの友だちを責める子
☹ 自分のチームが負けたことにこだわって，気持ちを切り替えられない子

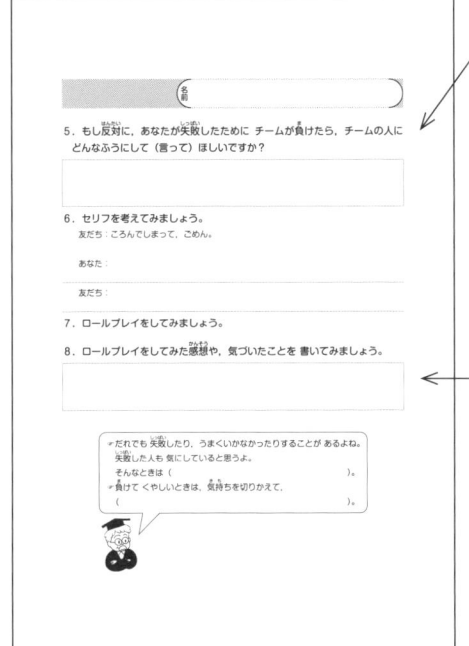

✏ 設問5
1) 自分と相手の立場を変えて，自分が失敗したときに，周りの人にどのような態度を取ってほしいかを考えます。
2) 発表し合って，他の人がどう考えているかを知ります。
3) 自分は平気だと思うことでも，他の人はいやだと感じることがあることに気づかせます。

✏ 設問8
失敗してしまった友だちへの声かけが適切だったかどうか，子ども同士で感想を言い合い，指導者がアドバイスします。

◆どうしても勝敗にこだわってしまう場合は，競技を始める前に「負けてもおこらない」ことを約束し，守れたらほめたり，シールをわたしたり，ポイント制を取り入れたりするのもよいでしょう。

〈落合　由香〉

5　自分ばかりやって，交代しない

理科の実験がおもしろいので，自分ばかりやっていたら，同じグループの人に「ずるい」と言われた。

ぼく

きみばかりやって，ずるい！

1．あなたは，グループで実験や調理実習などをするとき，「きみばかりやって ずるい」と言われたことがありますか？

　　　　　　　　ある　・　ない　・　わからない

2．グループで実験や調理をするときには，どうしたらよいと思いますか？
　　○・△・×をつけてみましょう。
　①（　　）じゃんけんなどで 順番や係を決めて，みんなで する
　②（　　）やりたい人が やりたいことを 早い者勝ちでする
　③（　　）おもしろそうなことは「ぼくがやる！」と言って，全部する
　④（　　）自分のしたいことは がまんして，他の人のやりたいことを聞く
　⑤（　　）めんどうなので，グループの人に まかせる
　⑥その他（　　　　　　　　　　　　　　　　　　　　　　　　　　　）

3．2について ○・△・×の理由を考え，話し合ってみましょう。

4．あなたなら，こんなとき どうしますか？

名前

5．もし反対に，同じグループの中に，自分ばかりやって 交代してくれない人がいたら，あなたは どう思いますか？

6．セリフを考えてみましょう。
　　グループで理科の実験をしています。

　あなた：あっ，それ ぼくがやる！

　友だち：きみ ばかりやって，ずるい！

　あなた：

　友だち：

7．ロールプレイをしてみましょう。

8．ロールプレイをしてみた感想や，気づいたことを 書いてみましょう。

☞グループ活動など みんなといっしょにやるときは，やりたいことがあっても，一人で全部やってしまわずに，
（　　　　　　　　　　　　　）を決めて みんなで やろう。
「○回したら 交代する」など，ルールを決めておくといいね。

指導と解説

❺ 自分ばかりやって，交代しない

ねらい

☑ グループ活動のとき，自分ばかりしないで，周りの子と役割を分担して活動することができる。

指導上の留意点

このワークに入る前に，実際に学校でグループ活動をするときに，どんな方法で役割を決めているかを聞き，その方法でうまくいっているかどうかを考えさせます。
　例）じゃんけん，早い者勝ち，あみだくじ

✎ 設問2
①〜⑤にあげた方法を使うとどうなるか想像しにくい場合は，実際にやってみて，不満なく役割が決まるか考えます。
　例）早い者勝ちで，指導者がわざと先に取り，負けた子に気持ちを聞く
☺ ④「自分はがまんする」に○をつける子には…
➔自分も他の子も，それぞれやりたいことができるような方法を探すよう促します。

このワークの後で

◆実際に料理などグループで協力して活動する場を設定します。
・グループ活動に入る前に，「話し合って分担を決める」「希望者が多いときは，交代でする」などの望ましい行動を意識づけしておきます。
・活動の流れの中で，「どうやって分担を決めればいいんだった？」「やりたい人がたくさんいるときは，どうすればいい？」と望ましい行動に意識を向けるきっかけを作ります。
・望ましい行動をとろうとする姿勢が見られたら，「友だちの意見を聞けているね」など具体的にほめて意欲を支えます。
・「順番にする」「交代でする」と決めていても，実際にはなかなか交代できないことがあるので，「○回やったら交代する」「○分たったら次の人に代わる」など，あらかじめ回数や時間を決めておく方法を，指導者と一緒に試しながら探しておきます。

たとえばこんな子に…

- ☺ グループ活動のとき，自分の気に入ったことしかしない子
- ☺ 自分が気に入ったことをずっとやり続け，他の子と交代しない子

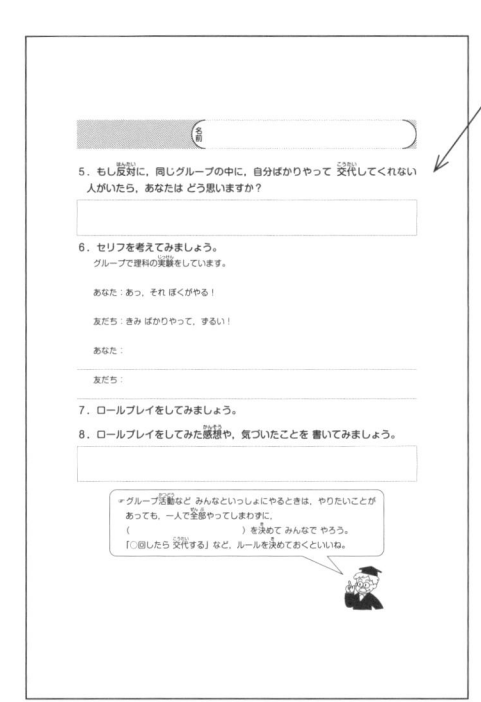

設問5

自分と相手の立場を変えて，交代してくれない人がいたときの自分の気持ちを考えます。

- ☺ 「（自分だったら）気にならない」「なんとも思わない」「（やってもらえたら楽だから）ラッキー」と答える子には…

→ 1）本人の気持ちや考え方は否定せず，そのまま受け止めます。

　2）発表を通じて，指導者や他の子どもの気持ちに関心を持たせます。

　3）自分とは違う感じ方をする人がいることに気づかせ，「腹が立ったり悲しくなったりして"いやだ"と感じる人が多い」ことを『知識』として教えます。

コラム　自分が我慢すれば，うまくいく？

発達障害のある子の中には，自分と相手との関係を調整することが苦手な子がいます。相手の思いに関心が持てず（または注意を向けられず），自分が思うままにふるまって周りの子とトラブルになったり，自分の意見を押し通そうとして他の子と衝突したりします。そしてそのたびに，親や先生から叱られる経験を繰り返しているのです。こういった経験を重ねた子の中には，年齢が上がるにつれて，「自分が主張するとろくなことがない」「とにかく自分が我慢すればうまくいく」ことを学び，自分の思いを全て封じ込めることでトラブルを避けようとする子がいます。その結果，自分の中にストレスをため込んでしまい，「どうせ自分なんて」と無気力になったり，他で発散しようとしてさらに失敗を重ねたりする場合があります。

ワークシートでの学習を進める中で，自分の気持ちをおさえ，自分の意見を言わないことで問題を解決しようと考える傾向の強い子には，指導者が意識的に声をかけてその思いを聞き，自分を全面的におさえる以外の方法がないかを一緒に考えていきましょう。

〈石川　聡美〉

6　他の人があてられたのに，自分が答えを言ってしまう

授業中，先生にあてられた人が，なかなか答えられない。
ぼくは 答えがわかったから，答えを言いたい…。

ぼく

1．先生にあてられた人が なかなか答えられないでいるのを 見たことが ありますか？

　　　　　　　　よくある　・　ときどきある　・　ほとんどない

2．なかなか答えられない人は，どんな気持ちだと思いますか？

3．先生にあてられた人が なかなか答えられないとき，どうすればよいですか？　○・△・×をつけてみましょう。
① (　　) あてられた人のかわりに，大きい声で答えを言う
② (　　) 先生に聞こえないように，小さい声で言う
③ (　　) あてられた人に「早く言って」と言う
④ (　　) 自分は あてられていないので，がまんする
⑤ (　　) 先生が「他にわかる人？」と聞いたら，手をあげる
⑥その他 (　　　　　　　　　　　　　　　　　　　　　　　　　)

4．3について ○・△・×の理由を考え，話し合ってみましょう。

5．あなたなら，こんなとき どうしますか？

名前

6．もし反対に，あなたが答えを考えているときに，他の人に先に答えを言われてしまったら，どんな気持ちになりますか？

7．行動を考えてみましょう。

先生がAくんをあてました。

先生：Aくん，この問題の答えは？

友だち（Aくん）：えーっと…。

あなた：

8．ロールプレイをしてみましょう。

9．ロールプレイをしてみた感想や，気づいたことを 書いてみましょう。

☞ 答えがわかったら，言いたくなるよね。
　 でも，他の人があてられているときは，答えを声に出して言わずに，（　　　　　　　　　　　）。
☞ 答えを言う前に，まず（　　　　　　　　　　），
　 先生に あてられてから，発表しよう。

| 指導と解説

❻ 他の人があてられたのに，自分が答えを言ってしまう

ねらい

- ☑ 自分がするべきことと他の人がするべきことを区別して，意識することができる。
- ☑ 他の人がするべきことには，手を出さずに我慢することができる。

指導上の留意点

✎ 設問2

☺「（そんな経験はないから）わからない」と言う子には…
→他の子どもや指導者の意見を聞いて参考にさせます。
　例）焦る，恥ずかしい，必死で考えている
　　　緊張して何も考えられなくなる

✎ 設問3

①～③について考えるときは，答えられないでいる人の気持ちに配慮することを促します。
「これをすると，この子（答えられない子）はどんな気持ちになるかな？」

☺ 人の気持ちが想像しにくい子には…
→「答えられない人は，気持ちが焦っています。だからせかさないようにしよう」など具体的に伝えます。

☺ ②「小さい声で言う」に○・△をつける子には…
→理由を聞いた上で，適切かどうか検討します。
　例）困っているから，こっそり答えを教えてあげた方がよい
　　　→あてられた子が答えを教えてほしいと思っているかどうかを考えさせます。
　　　答えがわかっているから，どうしても言いたい　→設問6につなげます。

このワークの後で

◆グループでクイズ大会などをして，"あてられた人だけが答える"ことができているか，確認・評価する場を用意します。

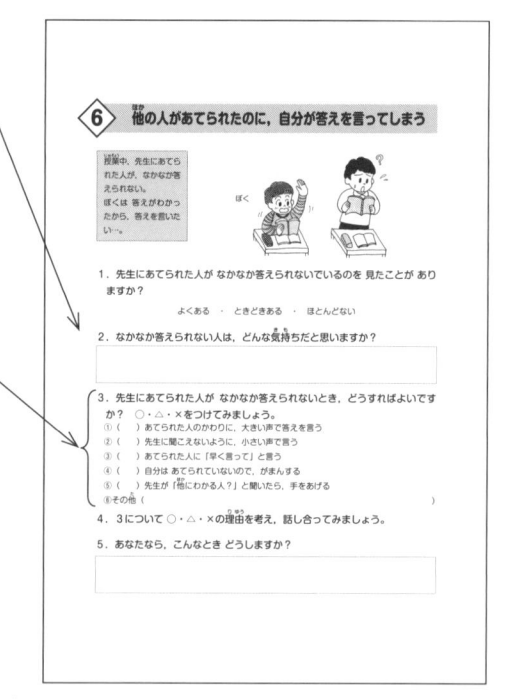

たとえばこんな子に…

- 授業中，他の子があてられたときに，自分は答えがわかっていることを言いたくなる子
- 授業中の発問に対して，自分はあてられていないのに，思わず答えを言ってしまう子

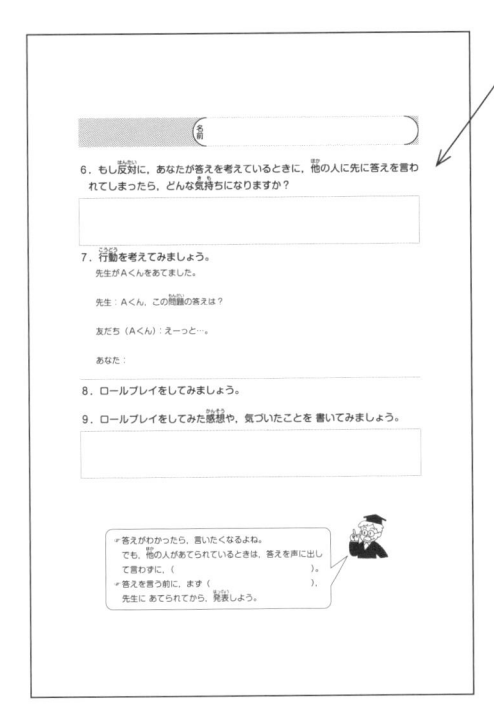

✎ 設問6

答えを先に言われてしまった人の気持ちを想像しにくい場合は，実際にその状況を再現し，理解を促します。

- 「（自分だったら）気にならない」「（答えを教えてもらえて）ラッキー」と答える子には…
  → 1）本人の気持ちや考え方は否定せず，そのまま受け止めます。
  2）発表を通じて，指導者や他の子どもの気持ちに関心を持たせます。
  3）自分とは違う感じ方をする人がいることに気づかせ，「恥ずかしかったり，もっと焦ったり，腹が立ったりする人もいる」ことを『知識』として教えます。

生活の中での指導

- どうするべきかはわかっているのに，実際の場面で失敗してしまう子には…
→ 1）ルールを思い出す手がかりとして，あらかじめルールを書いた紙を筆箱の中に入れたり，机の上に貼るなどして，見て確認できるようにしておきます。
2）授業の前に，「先生にあてられてから答える」というルールを確認し，意識づけします。
3）他の子があてられたときに答えてしまいそうになったら，ルールを思い出すきっかけを子どもに与えます。
  例）声かけ（「○○くんが答えるよ」など），絵カード，ジェスチャー
4）答えを言わずにいられたときは，子どもにわかる形で評価します。
  例）ことばでほめる，シールカードにシールをはってポイントを与える

〈石川　聡美〉

7　話したいことがあるのに，友だちはちがう話をしている

ぼくは新しく買ったゲームソフトの話をしたいんだけど，友だちは きのうのテレビ番組の話をしている。

ぼく

きのう，前からほしかった□□のゲームソフトを買ったんだけど…。

きのう，○○見た？

うん，見た見た。おもしろかったね〜。

1．話したいことがあるのに，友だちが ちがう話をしているとき，あなたはどうしますか？

　　　　　すぐに話しかける　・　話が終わるまで待つ　・　別の人と話す

2．話したいことがあるのに，友だちがちがう話をしているとき，どうすればよいですか？　○・△・×をつけてみましょう。
① (　　) 「そんなことより，□□がね…」とわりこんで，自分の話をする
② (　　) ちがう話をしているので，自分の話をするのは あきらめる
③ (　　) 今している話が終わるまで待って，話しかける
④ (　　) 「話はちがうけど…」と言って，すぐに自分の話をする
⑤ (　　) 「ちがう話をしてもいい？」と聞いて，「いいよ」と言われたら話す
⑥その他（　　　　　　　　　　　　　　　　　　　　　　　　　　　　　　　）

3．2について ○・△・×の理由を考え，話し合ってみましょう。

4．あなたなら，こんなとき どうしますか？

名前

5．もし反対に、あなたが 友だちと話しているときに、急に他の人がわりこんできて ちがう話を始めたら、どう思いますか？

6．セリフを考えてみましょう。

友だちA：きのうの（　　　　　　　　　　　　　　）（テレビ番組）見た？

友だちB：うん、見た見た。おもしろかったね～。

あなた：

友だちA：

あなた：

7．ロールプレイをしてみましょう。

8．ロールプレイをしてみた感想や、気づいたことを 書いてみましょう。

★もしあなたがゲームソフトの話をしたいときは、どういう人に話しますか？

① （　　） ゲームがすきな人　　　　② （　　） ゲームにきょうみのなさそうな人
③ （　　） 近くにいる人　　　　　　④ （　　） いつもゲームの話をしている人
⑤ その他（　　　　　　　　　　　　　　　　　　　　　　　　　　　　　　　）

☞ 友だちにすぐに話したいときってあるよね。でも、友だちの様子を見て、今（　　　　　　　　　）、少し待った方がいいか 考えよう。
☞ 友だちに話をするときは、話す内容に 友だちが きょうみがあるかどうか 考えてから話そう。

指導と解説

❼ 話したいことがあるのに，友だちはちがう話をしている

ねらい

☑ その場の様子を見て，話しかけてもいいかどうか判断することができる。

指導上の留意点

このワークに入る前に，普段どんな話を友だちとしているのか聞きます。
人に話しかけるとき，どんなことに気をつけたらいいか，意見を出し合います。
　例）話しかけても大丈夫か考える
　　　「ちょっといい？」と聞く

✎ 設問1
話したいことがあるのに友だちが違う話をしていたらどうするか聞きます。その理由も尋ねます。

✎ 設問2
☺ ②「ちがう話をしているので，自分の話をするのはあきらめる」に○をつける子には…
→あきらめるのも1つの方法ですが，時には自分から話題を提供してもよいことを伝えます。
☺ ④「『話はちがうけど…』と言って，すぐに自分の話をする」に○をつける子には…
→断りを入れればよいだけでなく，相手の承諾を得る必要もあることを伝えます。

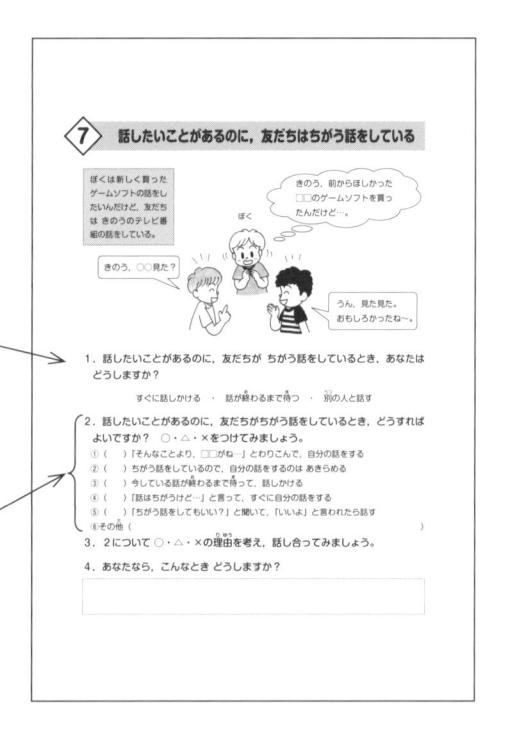

生活の中での指導

◇話しかけるときの注意点を伝えます。
　①今，話されている内容が，自分の話したいことと合っているか（内容の一致）
　②話の途中に割り込んでいないか（タイミング）
　③どんなことばで話しかけるか（セリフ）

たとえばこんな子に…

- 😐 会話や説明の途中に，違う話題で割って入る子
- 😐 自分の話したいことを相手かまわず話す子

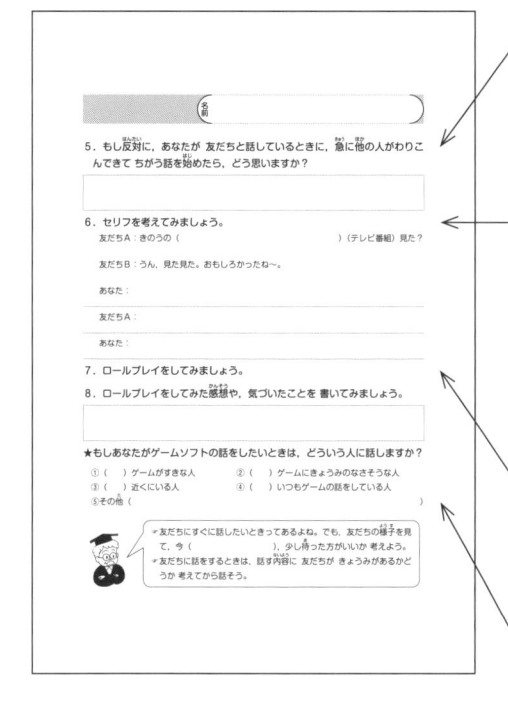

設問5
自分と相手の立場を変えて，友だちと話しているときに急に他の人が割り込んできたらどんな気持ちになるかを考えます。

設問6
ロールプレイに取り組む前に，どんなことばで話しかければよいか考えます。
　例）「～のことなんだけど」
　　　「ぼくも話していい？」
　　　「ちょっといい？」

設問7
適切なセリフを考え，ロールプレイをして感想を出し合います。

★
話す内容によっては，相手を選ぶほうがよいこともあります。自分が話したい内容について，どんな人に話せばよいかを考えます。

◆日ごろの会話の中でも左記の①～③について意識できるよう，指導者がことばにして伝えます。
　例）「今，何を話しているかな？」「急に話が変わったからびっくりしたよ」「今，待てたね」
◆普段の会話を録音したり，ビデオに撮ったりして，子ども自身が自分の姿をチェックする機会をつくりましょう。

〈竹林　由佳〉

8 友だちのことを「こんなことも知らないのか」と思った

友だちと話していたら,「えっ,○○って何?」と言っていた。
ぼくは,『こんなことも知らないのか』と思った。

こんなことも知らないのか。

○○がさぁ…。

ぼく

えっ？○○って何？

1．あなたは「こんなことも知らないの？」と,友だちに 言ったことがありますか？

　　　　　　　　　ある　・　ない　・　わからない

2．あなたは「こんなことも知らないの？」と,友だちに 言われたことがありますか？

　　　　　　　　　ある　・　ない　・　わからない

3．「こんなことも知らないのか」と思ったとき,どうしたらよいと思いますか？　○・△・×をつけてみましょう。
　①（　　）みんなの前で言うと,その子が はずかしいと思うので,何も言わない
　②（　　）「それは○○のことだよ」と 教える
　③（　　）「こんなことも知らないの？」と言う
　④（　　）他の人に「あの子,こんなことも知らないんだよ」と教える
　⑤その他（　　　　　　　　　　　　　　　　　　　　　　　　　　　　　　）

4．3について ○・△・×の理由を考え,話し合ってみましょう。

5．あなたなら,こんなとき どうしますか？

名前

6．もし反対に，あなたが，「こんなことも知らないの？」と友だちに言われたら，どう思いますか？

7．セリフを考えてみましょう。

友だちA：（　　　　　　　　　　　　　　）がさぁ…。

友だちB：えっ，（　　　　　　　　　　　　　　）って何？

あなた：（『Bくんは こんなことも知らないのか』と思いましたが…）

友だちB：

あなた：

8．ロールプレイをしてみましょう。

9．ロールプレイをしてみた感想や，気づいたことを 書いてみましょう。

☞もし，友だちのことを「こんなことも知らないのか」と思っても，そのことは（　　　　　　　　　　）ようにしよう。
やさしく教えてあげるといいね。

指導と解説

⑧ 友だちのことを「こんなことも知らないのか」と思った

ねらい

☑ 思ったことをすぐに言わないようにする。
☑ 相手を傷つけないような言い方を考える。
☑ 自分は知っていても，そのことを知らない人がいることを知る。

指導上の留意点

このワークに入る前に，子どもに，自分がよく知っていること（ゲームのキャラクター，恐竜の名前など）について聞きます。そのことについて，他の子がどれぐらい知っているかを確認し，人によって，知っていること，知らないことや知っている度合いには違いがあるということに気づかせます。同時に，「知らないこと＝悪いこと」ではないということも伝えます。

✎ 設問3
☺ ③「『こんなことも知らないの？』と言う」に○をつける子には…
→ ○をつけた理由を聞きます。
「そう思ったから言う」「事実だから言う」という場合は，言われた相手が気を悪くするので言わないということを伝えます。

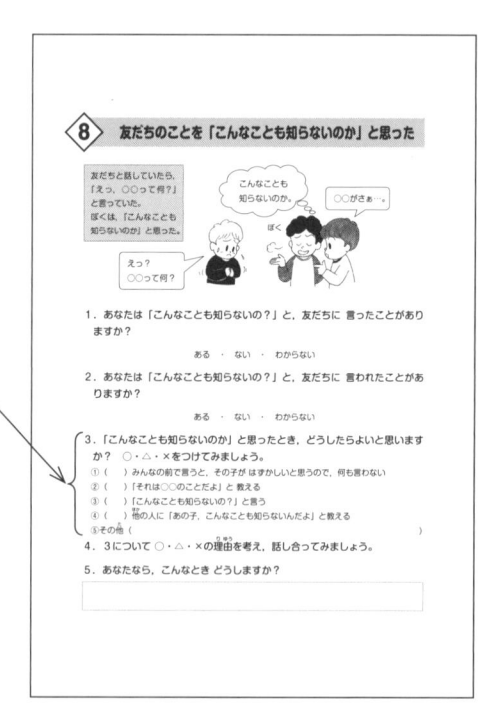

このワークの後で

◆日常の会話の中で望ましい対応が実践できるよう，場を設定します。
会話の中で，指導者が意図的に「〜って何？」などと聞き，子どもの対応をみます。
例）ゲームの話題　→「その○○っていうキャラクターは何？　どうやって出てくるの？」
　　電車の話題　→「その電車はどこを走ってるの？」「それ，何のこと？」

たとえばこんな子に…

- 思ったことをすぐ口に出してしまう子
- 自分の知っていることは，他の人も知っていると思っている子

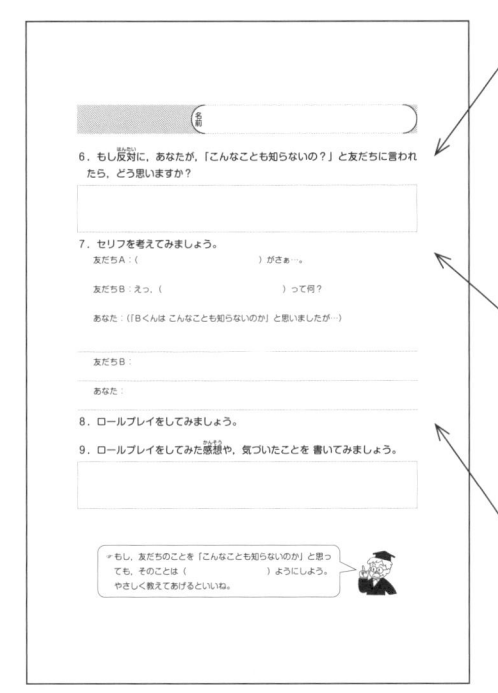

設問6
自分と相手の立場を変えて，「知らないの？」と言われたらいやな気持ちになることを理解できるようにします。
- 「気にならない」と答える子には…

ワーク5の「指導と解説」の設問5（→ P.39）を参照してください。

設問7
望ましいセリフを考えて，ロールプレイをします。
　悪い例）「えっ，知らないの？」
　　　　　「ふ〜ん，知らないんだ」
　よい例）「それは，〜だよ」

設問8
ロールプレイでの言い方や態度が適切だったかどうか，子ども同士で感想を言い合い，指導者がアドバイスします。

・子どもが望ましい対応をしたときは，その対応を評価します。
　例）「そういうことなんだね。教えてくれてありがとう。よくわかったよ」
・子どもが望ましくない対応をしたときは，望ましい対応をするよう促します。
　例）「そんな言い方をされるとショック…やさしく教えてほしいな」

〈竹林　由佳〉

⑨ 「まちがっているよ」と言われた

となりの席(せき)の子が ぼくのノートを見て,「ここ, まちがってるよ」と言った。

ここ, まちがってるよ。

ぼく

1. あなたは, 友だちに「まちがっているよ」と言われたことがありますか？

　　　　　　　ある　・　ない　・　わからない

2. 「まちがっているよ」と言われたら, あなたは どんな気持ちになりますか？

　

3. 「まちがっているよ」と言われたとき, どうすればよいですか？
　　　○・△・×をつけてみましょう。
　① (　　) 全部(ぜんぶ)消(け)して, 書き直す
　② (　　) その部分(ぶぶん)だけを消(け)して, 書き直す
　③ (　　) 注意(ちゅうい)した人を たたく
　④ (　　) 注意(ちゅうい)した人に「うるさい」と言う
　⑤ (　　) はらが立つので, 字をぬりつぶしたり, ノートをやぶったりする
　⑥ (　　) 「これでいい」と言って, そのままにする
　⑦その他(た)(　　　　　　　　　　　　　　　　　　　　　　　　　　)

4. 3について ○・△・×の理由(りゆう)を考え, 話し合ってみましょう。

5. あなたなら, こんなとき どうしますか？

名前

6．もし，あなたが友だちのまちがいを見つけたら，どうしますか？

7．あなたが友だちに「まちがっているよ」と教えてあげたとしたら，その友だちからどんなふうに言ってもらいたいですか？

8．セリフや行動（こうどう）を考えてみましょう。

友だち：ここ，まちがってるよ。

あなた：

友だち：

9．ロールプレイをしてみましょう。

10．ロールプレイをしてみた感想（かんそう）や，気づいたことを 書いてみましょう。

☞ だれだってまちがえることがあるし，まちがえることは
　悪（わる）いことじゃないよ。「まちがっているよ」と言われたら，
　おこらずに，まちがったところを（　　　　　　　　　）。
　そして，次（つぎ）は 同じまちがいを しないことが大切だよ。
☞ うっかりミスをしないように，（　　　　　　　）をしよう。

指導と解説

❾ 「まちがっているよ」と言われた

ねらい

- ☑ 「まちがっているよ」と言われたときに，受け入れることができる。
- ☑ イライラするなどの不快感を感じる場合は，その気持ちをコントロールできる。

指導上の留意点

✎ 設問2
まちがいを指摘されたときにどんな気持ちになるか考え，発表します。

✎ 設問3
☺ ①「全部消して，書き直す」に○をつける子には…
→まちがえた部分だけを直せばよいことを伝えます。
☺ ③④⑤「怒って人や物にあたる」や⑥「そのままにする」に○をつける子には…
→1) 気持ちのコントロール法を教えます（→ワーク2参照）。
　　例) 深呼吸をする
　　　　気持ちを切り替えてから直す，など
　2) まちがいを指摘した相手の意図を説明します（意地悪ではなく親切で言っている，など）。

生活の中での指導

☺ 自分がまちがえたことを受け入れられない子には…
→正しい答えを学ぶ機会だと前向きに受け止め，不安を和らげるように援助します。

- ・「誰でもまちがえることがあるよ」「まちがえることは悪いことじゃないんだよ。まちがいを直して，同じことを繰り返さないことが大切だよ」と声をかけます。
- ・時には指導者がまちがえてみせ，「あー，まちがえちゃった。でも，これで正しい答えがわかったからよかった。次はまちがえないようにしよう」と受け止め方をことばにして伝えます。

> たとえばこんな子に…

☺ 「まちがっているよ」と指摘されると，怒ったり，固まってしまったりする子

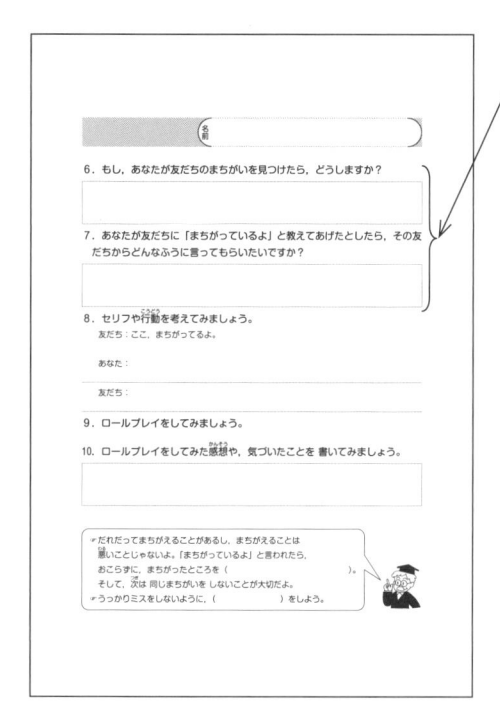

✎ 設問6・7
1）相手の立場に自分を置き換えて考えます。
2）相手の意図に気づいた上で，どうふるまえばよいか，考えます。

・まちがいを受け入れやすくなるように工夫します。
　例）×をつけない（○だけをつけてまちがえている箇所には線を引くなど）
　　　「正しい答えを下に書き足しておこう」と言う（消すことを強要しない）
　　　書き直したものに○をつけてもよいことにする

〈落合　由香〉

⟨10⟩ 友だちが約束の時間におくれてきた

友だちと待ち合わせをしたら，約束の時間を10分すぎてやってきた…。

ごめん，おくれちゃって…。

友だち　　　ぼく

1．あなたは，友だちと約束をしていて，待たされたことがありますか？

　　　　　よくある　・　ある　・　ない　・　わからない

2．約束の時間に友だちがおくれてきたとき，どうしたらよいと思いますか？　○・△・×をつけてみましょう。
　①（　　）「おそいじゃないか！」とおこる
　②（　　）「どうしておくれたの？」と聞く
　③（　　）しかたがないので，何も言わない
　④（　　）時間を守らないのが悪いから，時間になったら待たずに先に行く
　⑤その他（　　　　　　　　　　　　　　　　　　　　　　　　　　　　　　　）

3．2について○・△・×の理由を考え，話し合ってみましょう。

4．あなたなら，こんなときどうしますか？

　　　　　　　　　　　　　　　　　　　　　　　　　　　　　　　　　　　

5．あなたは，何分ぐらいなら友だちを待てますか？

　　待てない　・　5分ぐらい　・　10分ぐらい　・　20分ぐらい　・　30分以上　・
　　その他（　　　　　　　　　　　　　　　　　　　　）

名前

6．もし反対に,あなたが約束の時間におくれたら,友だちに どうしてほしいですか？

7．セリフを考えてみましょう。

友だち：ごめん,おくれちゃって…。

あなた：

友だち：

8．ロールプレイをしてみましょう。

9．ロールプレイをしてみた感想や,気づいたことを 書いてみましょう。

☞友だちが 約束の時間に おくれてきたとき,少しおくれただけなら おこらないようにしよう。あやまったら（　　　　　）あげよう。 あまりに おそいようなら,（　　　　　　　　　　）。

指導と解説

⑩ 友だちが約束の時間におくれてきた

ねらい

☑ 約束の時間に相手が少し遅れたぐらいなら，怒らずに許すことができる。

指導上の留意点

✎ 設問1
「友だちが約束の時間に遅れてきた」という経験があるかどうか，そのとき，どういう状況でどうしたかを聞きます。

✎ 設問2
○・△・×をつけた理由を聞き，その判断が妥当かどうか，みんなで考えます。

✎ 設問5
友だちと待ち合わせたとき，何分ぐらいなら待つか，意見を出し合います。
最後に指導者から「いろいろな事情で遅れることもあるので，10分ぐらいは怒らずに待ってあげよう」と声をかけます。

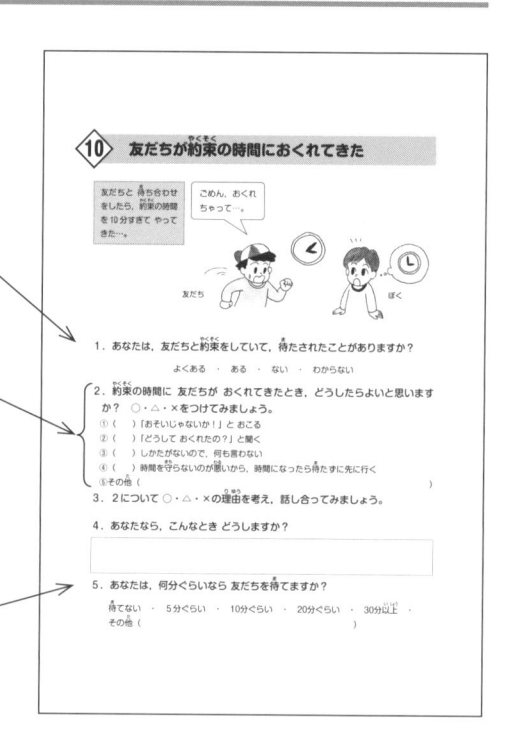

生活の中での指導

☺ 約束の時間に少しでも遅れると相手を怒ってしまう子には…
↪・遅れる理由にはどんなものがあるかを考えさせます。
　　例）何かをしていて出る時間に気がつかなかった，忘れ物を取りに戻った，出かける前にお腹が痛くなった
　・許容範囲を広げるようにことばをかけます。
　　例）「わざと遅れてきているわけじゃないね」
　　　　「いろいろな事情で遅れることもあるので，10分ぐらい（電車1本分ぐらい）は待ってみよう」
　　　　「遅れてきた相手が謝ったときは許してあげよう」

たとえばこんな子に…

- 約束の時間に相手が少しでも遅れると怒ったり，待たずに先に行ったりする子
- どうすればよいかわからず，いつまでも友だちを待つ子

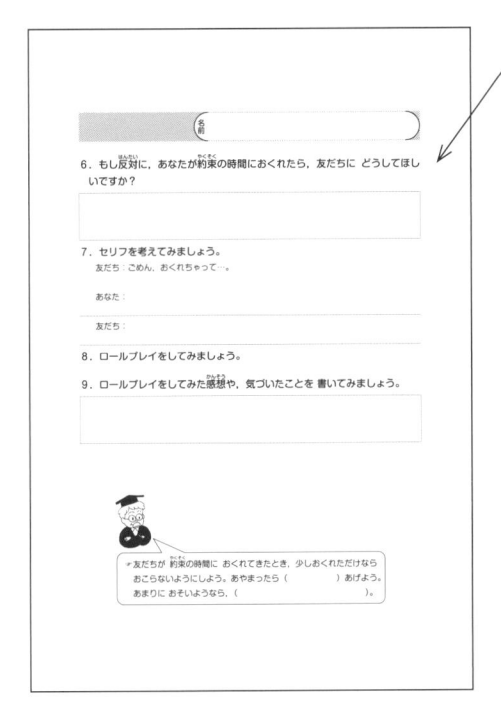

設問6
自分と相手の立場を置き換えて，自分が約束の時間に遅れたら，どうしてほしいかを考えます。発表し合って，いろいろな考え方があることを知ります。

◆待ち合わせをするときに確認しておくとよいことを教えます。
　例)「どちらかが○分以上遅れたら，先に行くようにする」と決めておく
　　　　先に行くときは，待ち合わせ場所に「先に行く」というメモや目印を残す
- いつまでも待とうとする子には…
↪相手が約束を忘れていたり，待ち合わせの場所や日時が違っていたりする可能性があるので，相手に連絡を取るように伝えます。
- 自分でどうすればよいかわからない子には…
↪家族に連絡して相談するように伝えます。

〈落合　由香〉

⟨11⟩ 約束の時間におくれた

友だちと待ち合わせをしたのに，約束の時間におくれた…。

ごめん，おくれちゃって…。

ぼく　　友だち

1．あなたは，友だちと約束をしたのに，おくれたことがありますか？

　　　　　よくある　・　ある　・　ない　・　わからない

2．あなたが約束の時間におくれたとき，どうしたらよいと思いますか？
　　○・△・×をつけてみましょう。
　①（　　）おくれたから，行かない
　②（　　）おくれてしまったから ゆっくり行く
　③（　　）少しでも早く着くように走って行く
　④（　　）友だちに会ってすぐおくれたことを あやまる
　⑤その他（　　　　　　　　　　　　　　　　　　　　　　　　　　　）

3．2について ○・△・×の理由を考え，話し合ってみましょう。

4．あなたなら，こんなとき どうしますか？

5．あなたは，何分ぐらいまでなら 友だちが おこらずに待っていてくれると思いますか？

　　　1分ぐらい　・　5分ぐらい　・　10分ぐらい　・　20分ぐらい　・　30分以上　・
　　その他（　　　　　　　　　　　　　）

　　　　　　　　　　　　　名前

6．もし反対に，友だちが約束の時間におくれたら，あなたはどう思いますか？

　　　　　　　　　　　　　　　　　　　　　　　　　　　　　　　　　　　　

7．セリフを考えてみましょう。
　　約束の時間におくれて，待ち合わせの場所に着きました。

　　あなた：

　　友だち：

　　あなた：

8．ロールプレイをしてみましょう。

9．ロールプレイをしてみた感想や，気づいたことを書いてみましょう。

　　　　　　　　　　　　　　　　　　　　　　　　　　　　　　　　　　　　

☞友だちとの約束の時間には（　　　　　　　　　　）しよう！
　約束におくれそうなら（　　　　　　　　　）行くようにしよう。
　おくれて着いたら友だちに（　　　　　　　　　　　）。

指導と解説

⑪ 約束の時間におくれた

ねらい

☑ 約束の時間に遅れたとき，待たされている相手の気持ちを考えて行動する。

指導上の留意点

✎ 設問１
約束に遅れた経験があるかどうか，そのときどういう状況でどうしたかを聞きます。

✎ 設問２
☺ ①「おくれたから，行かない」に○をつける子には…
→相手がずっと待っている可能性があることを伝えます。
☺ ②「おくれてしまったからゆっくり行く」に○をつける子には…
→待たせる時間は少しでも短い方がよいと伝えます。
・遅れたときは，どんな理由であっても，待たせた相手に謝ることを確認します。

✎ 設問５
友だちと待ち合わせたとき，何分ぐらいなら相手が怒らずに待ってくれると思うか，意見を出し合います。

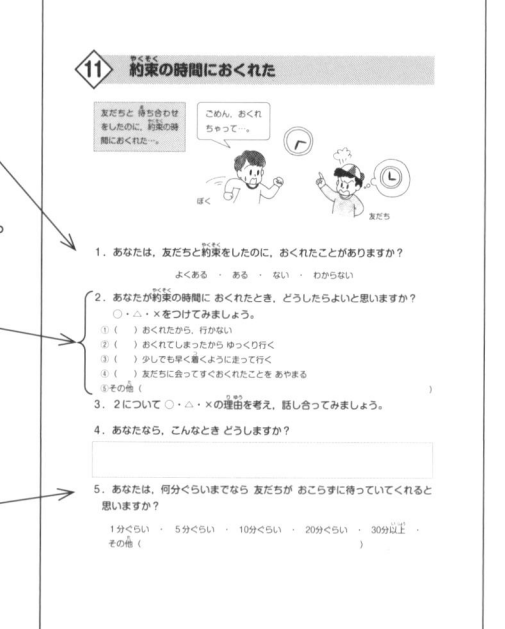

生活の中での指導

☺ 相手を待たせていても気にしない子には…
→待たせている相手の気持ちを考えさせ，望ましい行動を教えます。
　例）待たせた人に謝る
　　　連絡が取れるなら，遅れることを先に連絡しておく
　　　少しでも待たせる時間を短くするように急いで（走って）行く
→約束に遅れないようにするためにどうすればよいか，意見を出し合い，確認します。
　例）早めに家を出る
　　　待ち合わせ場所や道順を前日までに確認しておく
　　　持ち物は前日に用意する

たとえばこんな子に…

- 😐 約束の時間に遅れても急ごうとしない子
- 😐 相手を待たせていても気にしない子

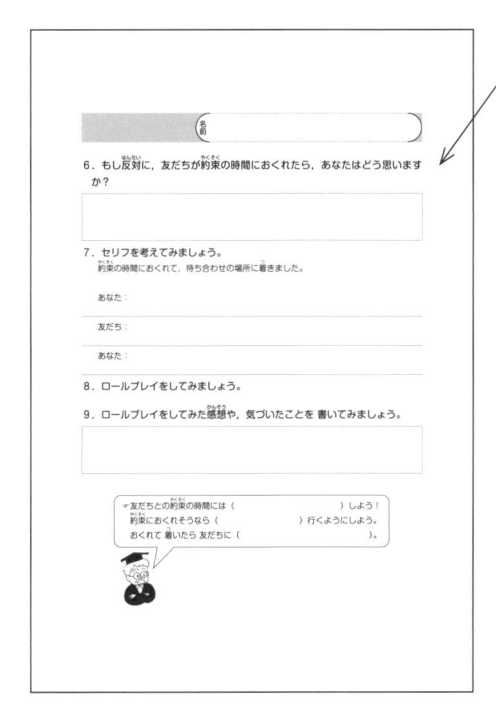

✏️ **設問6**

自分を相手の立場に置き換えて，自分が待たされたときにどう思うかを考えてみます。

　例）「相手に何かあったのではないか」と心配する
　　　待たされてイライラする
　　　「早く来ないかな」と思う

◆待ち合わせには，わかりやすく，人が多すぎず，目印になるものがある場所を選ぶようにするとよいでしょう。場所が広すぎたり，同じものが複数ある場合があるので気をつけましょう。

　例）「□□公園」　→　「□□公園の噴水前」
　　　「○○駅改札前」　→　「○○駅西口改札前の△△店の前」

◆ワーク10と11は立場をかえて考える対になっているワークです。ワーク10と11を続けて学習して確認してもよいですが，ワーク11を少しあとで施行して，ワーク10で学習したことを覚えているか確認することもよいでしょう。

〈落合　由香〉

⟨12⟩ 自分の物が見つからない

> つくえの上に置いていたはずの消しゴムがない…。

> ぼくの消しゴムが ない！

> だれかが 取ったのかな？

1．あなたは，物を よく なくしますか？

　　　　　　よく なくす　・　ときどき なくす　・　ほとんど なくさない

2．自分の物が見つからないとき，どうすればよいですか？
　　　○・△・×をつけてみましょう。
　①（　　）落としたのかもしれないので，つくえの下やかばんの中などを さがす
　②（　　）近くにいる子に「ここに置いていた ぼくの消しゴム，知らない？」と聞く
　③（　　）友だちに いっしょに さがしてもらう
　④（　　）近くにいる子に「ぼくの消しゴム 取っただろ」と言う
　⑤（　　）なくなったと思って すぐにあきらめて，友だちの消しゴムをかりる
　⑥その他（　　　　　　　　　　　　　　　　　　　　　　　　　　　　　）

3．2について ○・△・×の理由を考え，話し合ってみましょう。

4．あなたなら，こんなとき どうしますか？

名前

5．もし反対に，友だちの物がなくなったときに，「取っただろ」と言われたら，あなたは どんな気持ちになりますか？

6．セリフを考えてみましょう。
　　つくえの上に 置いていたはずの 消しゴムが ありません。

　　あなた：

　　友だち：

　　あなた：

7．ロールプレイをしてみましょう。

8．ロールプレイをしてみた感想や，気づいたことを 書いてみましょう。

> ☞自分の物が見つからないときは，人のせいにせず，まず（　　　　　　　　　　）。
> もし，見つからなかったら，友だちや先生に たのんで いっしょにさがしてもらうと 早く見つかるかもしれないね。
> ☞物をよくなくす人は，自分の物に（　　　　　　　）を 書いておこう。

指導と解説

12 自分の物が見つからない

ねらい

☑ 自分の物が見つからないとき，誰かに取られたと思い込まずに探すことができる。
☑ うまく見つけられないときは，周りの人に聞いたり手伝ってもらったりしながら，手順を踏んで探し出すことができる。

指導上の留意点

このワークに入る前に，今までに，見あたらないと思って探した物が，どこで見つかったことがあるかを子どもに聞き，実際の経験を思い起こさせておきます。
　例）机の下に落ちていた
　　　他の物の下に隠れていた
　　　遠くに転がっていっていた
　　　置いた場所を勘違いしていた

✎ 設問2
子どもの所属する学級によっては，「物をなくしたり忘れたりしたときは，友だち同士で貸し借りせず，先生に借りる」など，独自のルールを決めていることがあります。子どもから，○・△・×をつけた理由をよく聞いた上で，子どもの生活の場のルールに合った適切な判断をしているかどうかを吟味するようにします。

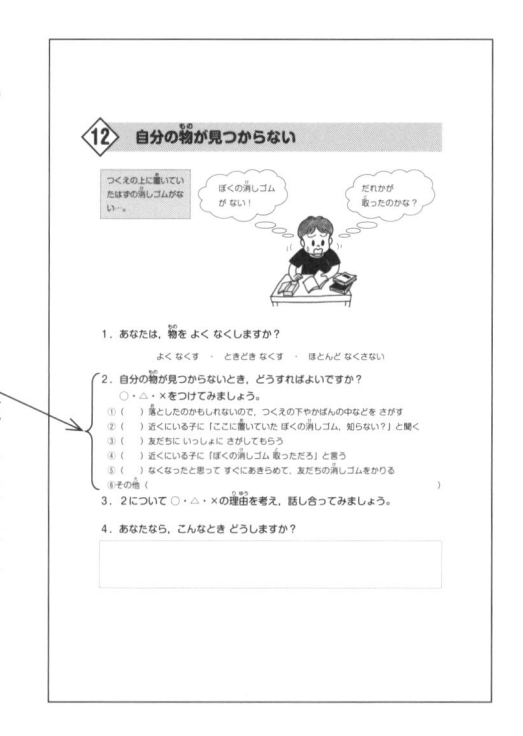

このワークの後で

◆「宝探しゲーム」をして，実際に物を探すときの手順や見通しの立て方を練習します。
　・初めは，少し大きくて見つけやすい物を部屋の中に隠します。子どもの好きなキャラクターの人形などを使うと，"見つけたい"という意欲がわきます。
　・慣れてきたら，少しずつ隠す物を小さくしていきましょう。
　・なかなか見つけられない場合は，「このあたりをよく探してね」と探す範囲を限定します。
　・あちこち手当たり次第に探している場合は，「下の方から順に見てごらん」など，探しもれをなくすための方法を教えます。
　・どのような方法で探したら見つかったか，子どもと一緒に確認します。

たとえばこんな子に…

- ☺ 自分の物が見あたらないと，すぐに「取られた」と思いこむ子
- ☺ 物をよくなくす子
- ☺ なくした物を，なかなか探し出せない子

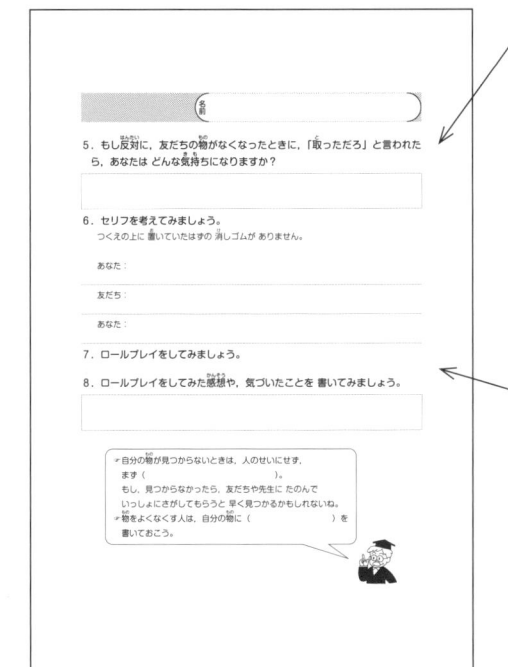

✎ **設問5**

「取られた」「盗まれた」と思いこんでしまいやすい子には，疑われた人がどんな気持ちになるかに気づかせます。
- 実際に「取っただろ」と疑われる役をさせて状況を再現し，どんな気持ちになったかを確認します。
- 疑われた人は不快な気持ちになること，そこからケンカなどの新たなトラブルが起こる可能性があることをおさえます。

✎ **設問7**

ロールプレイでは，自分がなくした物について，友だちや先生に尋ねたり，一緒に探してくれるように頼んだりするときの言い方を練習します。

生活の中での指導

◆普段の生活の中で，物の管理が苦手でよくなくす子や，なくした物をなかなか見つけられない子に対しては，次ページの「実際の生活の中で」のような支援を行い，「物をなくしにくい」「探しやすい」環境作りをしていきます。

☺ 「物がなくなった」という事実にパニックになってしまう子には…
→ 1）気持ちを落ち着かせるための支援をします（→ワーク2参照）。
　2）落ち着いてから，探し方の手順と見通しを示し，指導者も一緒に探します。

実際の生活の中で

☺ なくした物をなかなか見つけられない子には…
↳視覚的な認知の力が弱い子どもは、"まんべんなく見る"ことが苦手なため、同じところを何度も探したり、一部分だけ探して全部見たつもりになったりすることがあります。物を探すことが苦手な子には、指導者が以下のような援助をしながら、探し方を教えていきます。

①**探す場所をいくつかに区切る**
　例）机の上，机の下，カバンの中
　　→見るべき空間を限定することで、探しもれを少なくします。

②**「机の上の物をどかしてみよう」**
　→見るべき物が多すぎると、どこを見ればいいのかわからなくなります。
　　物を減らすことで、見る作業を楽にすることができます。

③**「机の下には落ちていない？」**
　→自分の目の前だけでなく、周囲にも目をやるよう促します。必要に応じて、自分の机の下、隣の席の机の下…と区切ると、どこを見ればよいのか、よりわかりやすくなります。

④**「カバン（筆箱）の中の物を、全部出してごらん」**（→イラスト参照）
　→狭いところにごちゃごちゃ入っている物を引っかき回すような探し方は、物が重なったり動いたりするため、まんべんなく見ることが難しくなります。シートを用意して、カバンから取り出したものを重ならないように並べていくと、死角がなくなり、もれなく探すことが楽になります。

☺ 物をよくなくす子には…
↳物の管理が苦手な子は，日常的に物をなくしたり見失ったりして困る経験を繰り返しています。物をなくしにくくする環境づくりを，指導者と一緒に進めていきます。

①持ち物の数を，必要最小限に減らす
　→管理するべき物の数自体を減らし，注意が行き届きやすくします。

②それぞれの物の置き場所を決める
　→物ごとに定位置を決め，何を置く場所かが一目でわかるように，物の名前を書いたカードや絵カード，写真などを貼っておきます。子ども自身が，自分で見て何が戻ってきていないかがわかり，物の管理がしやすくなります。
　筆箱などは，ポーチ型よりも箱形の物を使い，鉛筆は，番号シールを貼って，同じ番号のところにさすようにします（→イラスト参照）。
　置き場所を決めたら，しばらくの間は片づけるときに声をかけ，決められた場所に戻すことが習慣になるように援助します。

③名前を書く
　→なくしてしまったときのための対策です。探すときの目印にもなります。
　また，形やデザインのよく似た文房具などの場合は，自分の物かどうか見分けがつかない子もいるので，記名があると役に立ちます。

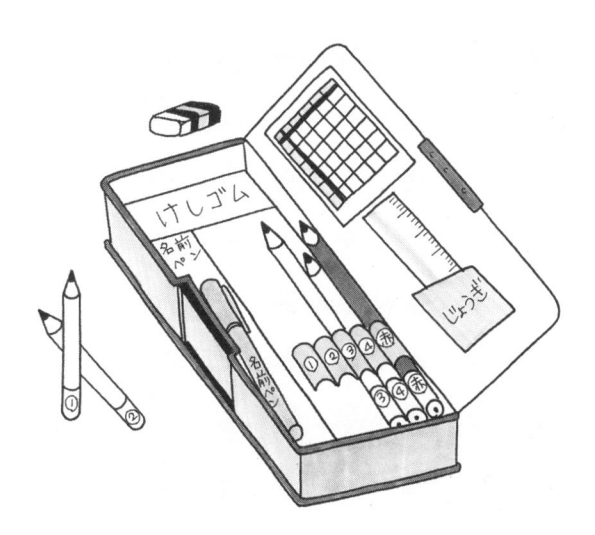

〈石川　聡美〉

13　ほしくない物をもらった

友だちが 旅行の おみやげを くれた。でも，ぼくの きらいな おかしだ。

家族で旅行に行ってきたんだ。はい，おみやげ。

ぼく，これ，きらいなんだけどな…。

友だち　　　ぼく

1．あなたは，きらいな物や ほしくない物を プレゼントや おみやげにもらったことがありますか？

ある　・　ない　・　わからない

2．きらいな物・ほしくない物を プレゼントやおみやげにもらったとき，どうしたらよいと思いますか？　○・△・×をつけてみましょう。

① (　　)「これ，きらいなんだ」と言うが，もらっておく
② (　　) せっかく もらったのだから，「ありがとう」と言って，もらう
③ (　　)「これ，きらいだから いらない」と言って，返す
④ (　　) おみやげをくれた友だちの前で，別の人に「これ，きらいだから，あげる」と言う
⑤ (　　)「ありがとう」と 言って，もらって，後で 家の人に あげる
⑥ (　　)「ありがとう。ぼく，これ，すきなんだ」と 言う
⑦その他（　　　　　　　　　　　　　　　　　　　　　　　　　　　　　　）

3．2について ○・△・×の理由を考え，話し合ってみましょう。

4．あなたなら，こんなとき どうしますか？

名前

5．あなたは，家族や友だちに プレゼントやおみやげを買ったことがありますか？

　　　　　　　　　　　ある　・　ない　・　わからない

6．あなたがプレゼントや おみやげを 買うとき，どんなことを考えて 選びますか？

7．あなたが プレゼントや おみやげを あげたとき，もらった人には どうしてほしいですか？　○・△・×をつけてみましょう。

①（　　）せっかくあげたのだから，とりあえず「ありがとう」と言ってほしい

②（　　）気に入ったら「ありがとう」，気に入らなかったら「すきじゃない」と正直に言ってほしい

③（　　）気に入らなかったら，自分に気づかないようにしてくれれば，他の人にあげても平気だ

④（　　）せっかくあげたのだから，あげた人にぜったいに 使ったり，食べたりしてほしい

⑤その他（　　　　　　　　　　　　　　　　　　　　　　　　　　　　　　　）

8．行動やセリフを考えてみましょう。

　　友だち：家族で旅行に行ってきたんだ。はい，これ おみやげだよ。

　　あなた：

　　友だち：

9．ロールプレイをしてみましょう。

10．ロールプレイをしてみた感想や，気づいたことを 書いてみましょう。

☞プレゼントやおみやげをもらったときは，まず（　　　　　　）を 言おう。

☞もし，プレゼントやおみやげが きらいな物でも，くれた人の前で
　そのことを言うと（　　　　　　　　　　）気持ちにさせてしまう
　ので，言わないようにしよう。

71

指導と解説

⑬ ほしくない物をもらった

ねらい

☑ 人から物をもらったときに，もらった物が気に入らなくても，相手が気を悪くしないように配慮した言動をとることができる。

指導上の留意点

✏️ 設問2

①〜⑥について考えるときは"プレゼントをくれた人が嫌な気持ちにならないかどうか"を基準に考えさせます。子どもに，プレゼントをあげる役をさせて，実際にセリフを言いながら確認していくと，わかりやすくなります。

☺ ①③④「きらいなんだから"きらい"と言ってもよい」と考える子には…

↪ 1）もらった物をきらいと思うこと自体は悪いことではないと伝えます。

2）自分の気持ちとは別に，相手の気持ちを考えてふるまう必要があることを説明します。

3）自分がおみやげをあげたとき，相手から「これ，きらい」と言われたらどんな気持ちになるか考えさせます。

4）『心の中で思っていても，ことばに出して言わない方がよいこと』があることを確認します。
　例）「これ，いらない」「これだけ？」
　　　「いくらした？」「○○（他の物）の方がよかった」

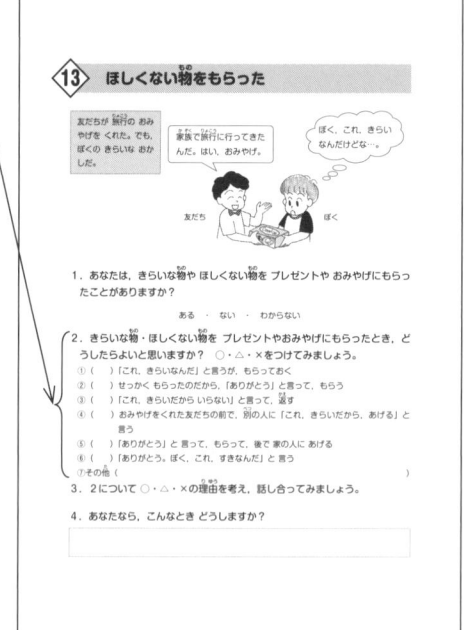

☺ ④⑤「他の人にあげる」について…

↪ もらったプレゼントを他の人にあげてもよいかどうかは，判断が分かれます。最低限，プレゼントをくれた人にはわからないようにするのがマナーであることはおさえた上で，子どもがどんな理由づけをするかによって，適切かどうか判断していきます。

たとえばこんな子に…

☺ プレゼントをくれた人に，「これ，いらない」「○○（他の物）の方がよかった」と言ってしまう子
☺ もらったお年玉を開けて，「たった○○円か」と言ってしまう子

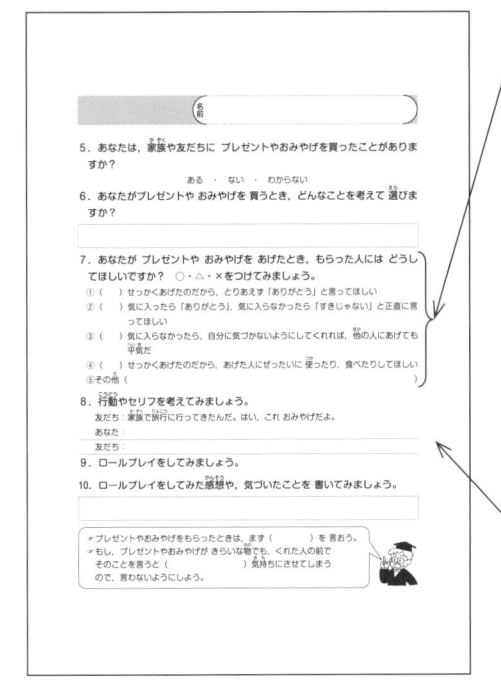

✎ 設問7
☺ ④「あげた人にぜったいに使ったり，食べたりしてほしい」に○をつける子には…
↪ 1）指導者や他の子どもたちと，それぞれ自分が好きな物をいくつかあげ，それを他の人も好きかどうか確認します。
2）人にはそれぞれ好みがあるので，プレゼントを気に入ってもらえないこともあると伝えます。
3）相手に喜んでもらうためには，何を考えてプレゼントを選んだらよいのか，指導者や他の子どもと意見を交換し，具体的に考えさせます（→「このワークの後で」参照）。

✎ 設問8
☺ 「○○（他の物）の方がよかった」というセリフを書いてしまう子には…
↪ "他の物がよい＝もらった物は気に入らない"というメッセージになることを説明し，言わない方がよいことに気づかせます。

☺ 本当は好きではないのに「これ，すきなんだ」「ほしかったんだ」と言った方がよいと考える子には…
↪ 無理をして思っていないことまで言う必要はなく，「ありがとう」のことばだけでも相手への気持ちは十分に伝わることを説明します。

> このワークの後で

◆実際に，自分の身近な人へのプレゼントを考えてみます。
　1）もうすぐ誕生日を迎える家族や友だちを一人思い浮かべて，どんなプレゼントをすれば喜んでもらえるか考えます。
　　・補充シートAを使って，プレゼントを選ぶときに考えなければならないことは何かを確認します。
　　・シートに記入し終わったら，友だちと発表し合います。
　　・プレゼントする相手の情報をもとに，友だち同士で，「自分ならこれをプレゼントに選ぶ」といった意見交換をし，自分以外の人の考えにも関心を持たせます。

　2）少人数のグループの中で，予算を決めて，実際にプレゼントを交換する機会を作ります（お楽しみ会やクリスマス会などの機会を利用するとよいでしょう）。
　　・補充シートAの形式で，プレゼントをする相手の情報を整理します。
　　・プレゼントをするときは，相手の表情やことばから相手が喜んでくれたかどうか確認します。
　　・プレゼントをもらうときは，相手の気持ちを考えてふるまうことができたか，評価します（自分でも評価し，相手にも評価してもらいます）。
　　・自己評価と相手からの評価にズレがないか確認し，ズレがある場合は，どうすればよかったのか，具体的な改善策を考えます。

◆一般的に，どんな人がどんなものを好みそうかについて，考える機会を持ちましょう。
　・補充シートBを見ながら，それぞれの人についての一般的な情報を話し合って確認します。
　　例）クレヨンをよく使うのは誰か？
　　　　携帯電話を使いそうなのは誰か？
　　　　あなたの写真をもらって嬉しいのは誰か？
　・それぞれの人が喜びそうなプレゼントを選択肢から選びます（複数回答可）。
　・どのプレゼントを選んだかを発表し，選んだ理由を説明します。
　　例）「小さい男の子は，○○（キャラクター）を好きな子が多いので，友だちの弟には，○○（キャラクター）のシールをプレゼントします」

補充シートA

たん生日プレゼントを考えよう

名前（　　　　　）

あなたの家族や友だちで、もうすぐたん生日をむかえる人へのプレゼントを考えよう。

1. その人の名前は？　[　　　　]
2. その人の年れいは？　[　　]才
3. その人は男の人？女の人？　男の人　・　女の人
4. その人の好きな物を、あなたは知っている？
   ア）知らない　→　だれに聞いたら分かる？　[　　　　]
   イ）知っている　→　それはどんな物？　[　　　　]
5. プレゼントは買う？作る？　　買う　・　作る
6. もし買うなら、予算はいくらぐらい？　[　　　　]円くらい
7. ズバリ！あなたの考えたプレゼントは？　[　　　　]
8. あなたの選んだプレゼント。喜んでもらえる自信はある？
   自信がある・少し自信がある・どちらともいえない・あまり自信がない・自信がない

補充シートB

名前（　　　　　）

考えてみよう！　この人にはどのプレゼント？

＊下にあるプレゼント・ボックスから、それぞれの人が喜んでくれそうなプレゼントを選んで、書いていこう。
　同じプレゼントが、いろいろな人のところに　入ってもいいよ。

＊おばあちゃんには？

＊親せきのおじさんには？

＊友だちの弟（3才の男の子）には？

＊近所の高校生のお姉さんには？

プレゼント・ボックス

クレヨン	ハンカチ	旅行先で買ったおかし	手紙
けいたい電話につけるストラップ		ネクタイ	キャラクターシール
自分の写真	シャープペンシル	ミニカー	さいふ

〈石川　聡美〉

14 物をかりたい

> 友だちが おもしろそうに まんがを読んでいる。
> ぼくも 読みたいな。

ぼくも読みたいな…。

友だち　ぼく

1. 友だちが おもしろそうに 読んでいる まんがや 本を 読みたくなったことが ありますか？

　　　　　　　ある　・　ない　・　わからない

2. 友だちの まんがを 読みたいとき，どうしたらよいと 思いますか？
　　○・△・×をつけてみましょう。
　① (　　) 友だちが 読んでいる とちゅうだけど，すぐに「かして」と言う
　② (　　) 友だちに「いっしょに読ませて」と たのむ
　③ (　　) 友だちに「読み終わったら かしてくれない？」と聞く
　④ (　　) すぐに読みたいから，友だちから まんがを 取り上げて 読む
　⑤ (　　) 友だちに まんがの名前を 教えてもらって，自分で買って読む
　⑥ (　　) 友だちの後ろから こっそり のぞいて読む
　⑦その他（　　　　　　　　　　　　　　　　　　　　　　　　　　　　）

3. 2について ○・△・×の理由を考え，話し合ってみましょう。

4. あなたなら，こんなとき どうしますか？

名前

5．セリフを考えてみましょう。

　　友だちが まんがを読みながら わらっています。

　　あなた：そのまんが，おもしろそうだね。

　　友だち：うん，すごくおもしろいよ。

　　あなた：

　　友だち：

　　あなた：

6．ロールプレイをしてみましょう。

7．ロールプレイをしてみた感想（かんそう）や，気づいたことを 書いてみましょう。

☞友だちの物（もの）を かりたいときは，だまって取（と）らずに，
「　　　　　　　　　　　　　　　」と言おう。
友だちが「いいよ」と言ってくれたら，かりることが できるよ。

★あなたが 今までに 友だちの物（もの）で かりたいと思ったことがあるのは，どんな物（もの）ですか？

指導と解説

⑭ 物をかりたい

ねらい

☑ 他の人が使っている物を借りたいときに，どうすればよいのかがわかる。

指導上の留意点

このワークに入る前に，物を借りるときの基本的なルールを確認しておきます。
　例）黙って取らない
　　　「かして」と言う
　　　相手に許可されてから借りる
　　　お礼を言って返す

✎ 設問2
すぐに借りられないのはなぜかを考え，どういう頼み方をすれば貸してもらえそうかを考えさせます。
☺ ○・△・×がうまく判断できない子には…
→①〜⑥に書かれていることを実際に他の子にしてもらい，自分が貸してあげる気になるかどうかで判断させます。
☺ ⑥「友だちの後ろからこっそりのぞいて読む」に○をつける子には…
→実際に他の子に後ろからのぞき読みしてもらい，のぞかれるとあまりいい気持ちはしないので，「のぞく」という行動は適切ではないということに気づかせます。

このワークの後で

◆グループで工作をする場面を設定します。
　・材料は，人数分用意します。
　・道具（ハサミやのり，セロハンテープなど）は，人数より1〜2個少ない数を用意します。
　・工作を始める前に，物を借りるときのルールを確認します。
　・工作をしながら，道具を気持ちよく貸し借りできるよう，指導者が声をかけて促します。
　・適切な言い方で借りることができた場合は，ほめます。
　　　例）「今の言い方，よかったよ」
　・借りたいときに，どうしたらよいかわからない子には，指導者が適切な言い方の例を示します。
　　　例）「『使い終わったら貸してね』って頼んでみたら？」

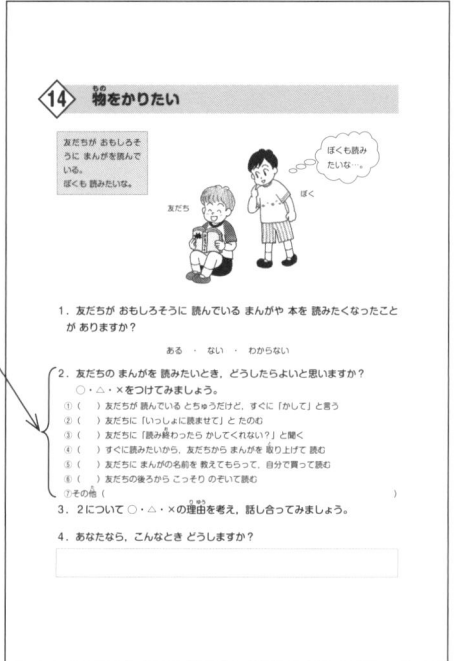

たとえばこんな子に…

- 人の持ち物を，勝手に使ってしまう子
- 「かして」と言ってすぐに貸してもらえないと，怒り出す子
- 「かして」と言ってすぐに貸してもらえないと，どうしたらよいかわからず固まってしまう子

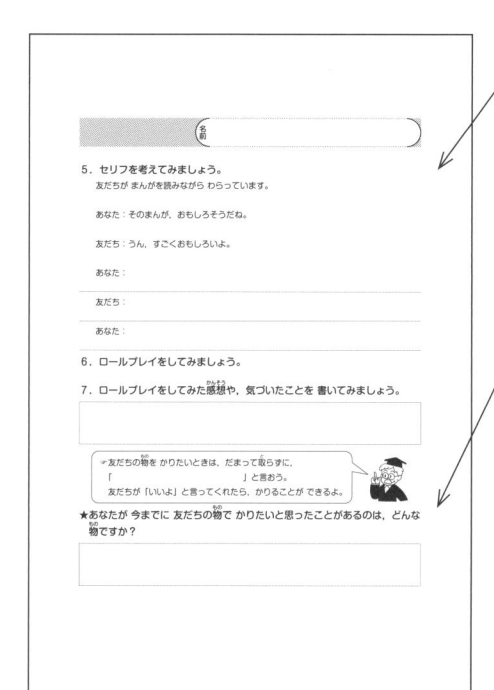

✎ 設問5
実際に物を借りる場面をイメージしてセリフを書きます。
- 「友だち」のセリフが想像しにくい，自分に都合のよいセリフしか考えつかない，という子には…
↪「友だち」のセリフは，指導者が記入してもよいでしょう。

★
今までに友だちの物で借りたいと思ったことのある物をあげさせます。必要であれば，借りるときにどんな言い方をすればよいのか，指導者や他の子どもたちと一緒に考えます。

コラム　貸してもらえないことが受け入れられない

　幼児期から，子どもは集団の中で心地よく過ごすためのルールを1つずつ学んでいきます。友だちがもっている物を借りたいときは，いきなり取り上げずに「貸して」と言う，貸してくれたら「ありがとう」とお礼を言う，返すときにもお礼を言って返す，そして，友だちから「貸して」と言われたら，「いいよ」と言って貸してあげる，など，遊びや集団活動を通して，その都度，大人や周りの子から教えてもらいながら身につけていくのです。ところが，小学校に上がると，いつもその決まったパターンが通用するわけではないことに，子どもも気づき始めます。「貸して」と言いさえすれば，いつでも快く貸してもらえるわけではなく，「あとで」と言われたり，「ダメ」と断られたりすることも増えてくるからです。
　子どもによっては，自分が「貸して」と友だちに頼むときに，必ず貸してもらえるはずだと思いこんでいる（断られるかもしれないという可能性を全く頭に思い浮かべていない）ために，断られると気持ちが混乱したり，「いじわるをされた」と被害的に受け止めてしまうこともあります。「貸して」と頼んでも断られることもあるということを知り，相手の都合や気持ちに配慮した言い方を考えていきましょう。

〈石川　聡美〉

15 「かして」と言われた

ぼくが まんがを 読んでいたら,友だちが「ちょっと,その まんが かして」と言ってきた。
ぼくは まだ 読みたいんだけどな…。

まだ読みたいんだけどな…。

ちょっと,そのまんがかして。

ぼく　友だち

1．友だちに 今読んでいる まんがや 本を「かして」と言われたことが ありますか？

　　　　　　　　　　ある　・　ない　・　わからない

2．自分が読んでいるまんがを 友だちに「かして」と言われたとき,どうしたらよいと思いますか？　○・△・×をつけてみましょう。
　① (　　) かしたくないので,だまっておく
　② (　　)「まだ読みたいから,かせない」と言う
　③ (　　) 読むのをがまんして,友だちに かしてあげる
　④ (　　)「ぼくも 読みたいから,いっしょに 読まない？」と言う
　⑤ (　　)「まだ読みたいから,読み終わったら かすよ」と言う
　⑥ (　　) せっかく読んでいるのに じゃまなので「うるさい！」と言う
　⑦ (　　)「10分だけ」など 時間を決めて かしてあげる
　⑧その他 (　　　　　　　　　　　　　　　　　　　　　　　　　　　)

3．2について ○・△・×の理由を考え,話し合ってみましょう。

4．あなたなら,こんなとき どうしますか？

名前

5．もし，あなたがはっきり返事をせずに，だまっていたら，友だちは どう思うでしょう？ あてはまるものに○をつけましょう。

① （ ）「早く返事をしてよ」と思う
② （ ）「ことわっていないから，かしてもらえる」と思う
③ （ ）「返事をしてくれないと，どっちなのか わからない」と思う
④ （ ）「返事がないから，かしてくれない」と思う
⑤ （ ）「聞こえなかったみたいだから，もう1回言おう」と思う

6．セリフを考えてみましょう。

あなたが まんがを読んでいたら 友だちがやってきました。

友だち：そのまんが，おもしろそうだね。ちょっと かしてくれない？

あなた：

友だち：

7．ロールプレイをしてみましょう。

8．ロールプレイをしてみた感想や，気づいたことを 書いてみましょう。

☞ たのまれたことを ことわるのは，友だちに悪い気がするし，勇気がいるね。でも，だまっていても，あなたの気持ちは伝わらないよ。
☞ ことわるときは，友だちが（　　　　　　　　　）言い方をしよう。

★あなたが 今までに，友だちに「かして」と言われて こまったことがあるのは，どんな物ですか？

指導と解説

⑮「かして」と言われた

ねらい

☑ 「かして」と頼まれても，貸したくないときには断ることができる。
☑ 断るとき，相手を不快な気持ちにさせないような言い方をすることができる。

指導上の留意点

✎ 設問1
実際に，友だちから自分が読んでいるまんがや本を「かして」と言われたことがあるかどうか聞きます。
言われたことがある子には，そのときどうしたのかもあわせて聞き，ワークの内容につなげます。

✎ 設問2
😊 ③「がまんして，かしてあげる」に○をつける子には…
→ "断る"ことを悪いことと思っていたり，「貸して」と言われたら必ず貸さなければいけない，と思いこんでいる場合があります。
貸したくないときには，「断る」という選択肢もあることを知らせます。
😊 ○・△・×がうまく判断できない子には…
→ ①～⑦に書かれていることを実際に他の子にしてもらい，イヤな気持ちにならないかどうかで判断させます。

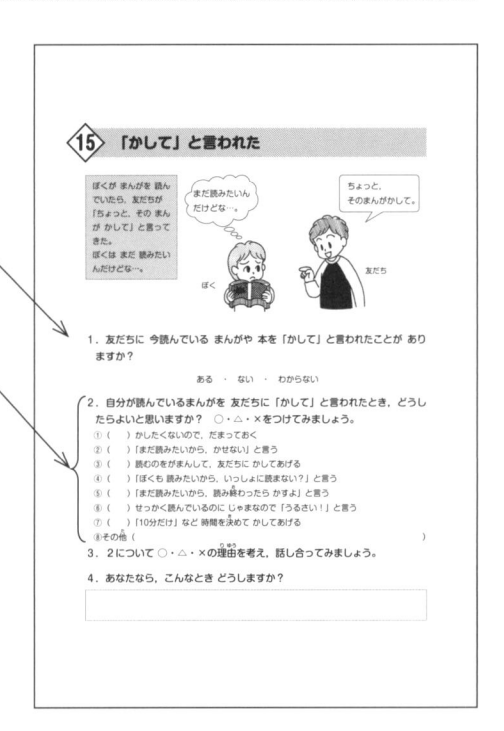

このワークの後で

◆ グループで工作をする場面を設定し，実際に物を貸し借りしながら，ワークで学んだことが，実際に使えているか確認します（→ワーク14「このワークの後で」参照）。
◆ どうしても人に貸したくない物や触られたくない物は，はじめから人に見せないという方法があることも伝えておきます。

たとえばこんな子に…

- 友だちに「貸して」と頼まれると断れずに，必ず貸してしまう子
- 「貸して」と言われて，どうしてよいかわからず黙ってしまう子

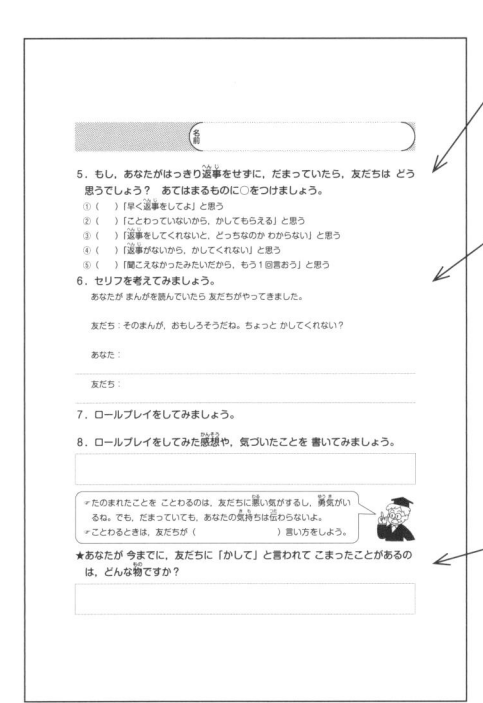

✎ **設問5**
断ることができずに黙っていたら，相手はどう思うのかを考えます。

✎ **設問6**
相手とケンカにならずに断ることのできる言い方を考えます。
・ただ断るだけではなく，なぜ貸せないか理由を伝えます。
・相手の気持ちを考え，優しいことばを選んで伝えます。
例）「今読んでるから，ごめんね」
　　「読み終わったら貸してあげるね」

★
今までに友だちに「かして」と言われて困った物をあげさせて，貸したくないと思う理由を聞きます。友だちを不快にさせない断り方を，指導者や他の子どもたちと一緒に考えます。

コラム　何も答えず黙っていると…

「かして」と言われたとき，"貸したくないけれど，相手を怒らせたくない" ために，何も答えなかったり，はっきりした返事をしないまま相手があきらめるのを待とうとする子がいます。また，すぐに貸せない状況の場合は「かして」という相手のことば自体が自分にとって不快な気持ちを起こさせるために，そのことば自体をシャットアウトして聞かなかったことにしたり，相手に背を向けたりする子もいます。

こんなとき，返事をもらえなかった相手は，聞こえなかったのかと思って再度「かして」と繰り返したり，はっきりした返事がないことにイライラしたりするかもしれません。そういった気持ちのすれ違いが，もともとの物の貸し借りとは違うトラブルに発展することもあります。

はっきり返事をしないでいると相手はどう思い，どんなことを言ったりしたりするのかを，指導者や友だちと一緒に考えながら，ケンカにならない上手な断り方を練習していきましょう。

〈石川　聡美〉

⟨16⟩ うっかり人の物をこわしてしまった

教室にかざってあった友だちの工作をさわってみたら，手が取れてしまった。

1．あなたは，うっかり人の物をこわしてしまったことがありますか？

　　　　　　　　ある　・　ない　・　わからない

2．うっかり人の物をこわしてしまったとき，どうしたらよいと思いますか？　○・△・×をつけてみましょう。
　①（　　）「ごめんなさい。こわしました」と正直に言う
　②（　　）おこられるとこわいので，こっそり元のようにもどしておく
　③（　　）わざとこわしたわけではないので，知らん顔をしておく
　④（　　）「○○がこわした」と人のせいにする
　⑤（　　）「もともとこわれていた」と言う
　⑥その他（　　　　　　　　　　　　　　　　　　　　　　　　　　　）

3．2について○・△・×の理由を考え，話し合ってみましょう。

4．あなたなら，こんなときどうしますか？

名前

5．もし反対に，あなたが 自分の大切にしている物をこわされたとしたら，どんな気持ちになりますか？ あてはまる気持ちに○をつけてみましょう。

悲しい ・ はらがたつ ・ ゆるさない ・ しかたがないと思う ・
何とも思わない ・ その他（　　　　　　　　　　　　　　　　　　）

6．あなたが 自分の大切にしている物を うっかり こわされたとしたら，どうしてほしいですか？ あてはまるものに○をつけましょう。

① （　　） わざと こわしたわけじゃないので，あやまる必要はない
② （　　） わざと こわしたわけじゃないけど，あやまってほしい
③ （　　） とても 大切な物なので，元通りにしてほしい
④その他（　　　　　　　　　　　　　　　　　　　　　　　　　　　）

7．セリフを考えてみましょう。

　　あなた：あっ，さわっているうちに 手が取れちゃった。

　　友だち：ぼくの作った工作の手が取れてる！

　　あなた：

　　友だち：

8．ロールプレイをしてみましょう。

9．ロールプレイをしてみた感想や，気づいたことを 書いてみましょう。

☞わざとでなくても，人の物を こわしてしまったときは，
　こわされた人の気持ちを考えて 正直に（　　　　　　　　　）。
☞だれでも うっかり 失敗してしまうことがあるね。
　こわした人が あやまったら，（　　　　　　　　　　　　　）。

指導と解説

⑯ うっかり人の物をこわしてしまった

ねらい

☑ 自分がしたことが原因で相手が不快な思いをしたときは，わざとしたのでなくても 謝らなければならないことがわかる。

指導上の留意点

✎ 設問１

子どもに，うっかり人の物を壊してしまったことがあるかどうか聞きます。また，そのときどうしたかもあわせて聞き，ワークにつなげます。
自分の失敗は言いたがらない子どもも多いので，子どもから出てこないときは，指導者が自分の体験を話して関心を持たせます。

✎ 設問２

☺ ③「わざとこわしたわけではないので，知らん顔をしておく」に○をつける子には…
→謝るかどうかの基準は，わざとしたかどうかではなく，相手が嫌な思いをした原因が自分にあるかどうか，であることを説明します。

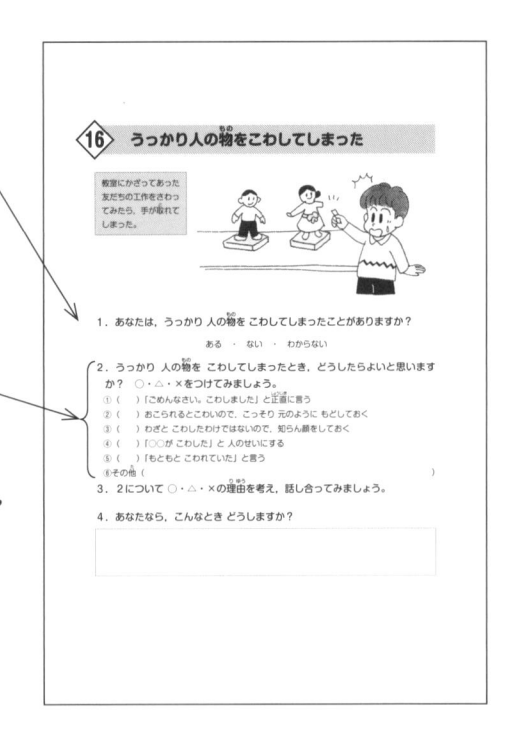

このワークの後で

◆生活の中で経験しそうないくつか具体的な場面を例に出し，「こんなときは，謝らなくていい？ 謝らなきゃダメ？」と質問し，理解を深める助けにします。
　例）人混みの中で，隣の人の足を踏んでしまった
　　　給食のとき，うっかり手が当たって，隣の子の牛乳をひっくりかえしてしまった

たとえばこんな子に…

🙂 友だちの物を壊したときに，どうしたらよいかわからず困ってしまう子
🙂 自分がわざとしたことではないことについて，謝ることができない子

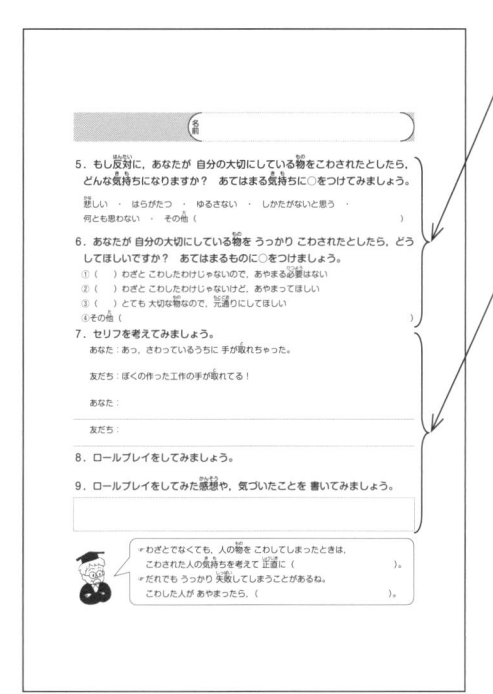

✎ 設問5・6
自分を相手の立場と置き換えて，自分の物を壊されたとき，どんな気持ちになるか，相手にどうしてほしいかを考えさせます。

✎ 設問7～9
謝るときのことばの選び方や口調，表情などが，状況と照らし合わせて適切だったかどうかを，子ども同士でチェックし合い，指導者がアドバイスします。

〈石川　聡美〉

17 かした物をよごされた

友だちに お気に入りのまんがをかしたら，ジュースを こぼしたあとがついて返ってきた。友だちは，「よごして ごめん」とあやまっているんだけど…。

よごしてごめん…。

ぼく　　友だち

1．友だちにかした物を，よごされたり こわされたりしたら，どう思いますか？

　悲しい　・　はらがたつ　・　しかたがないと あきらめる　・
　気にならない　・　その他（　　　　　　　　　　　　　　　　　　　　）

2．友だちにかしたまんがが よごされて返ってきたとき，どうしたらよいと思いますか？　○・△・×をつけてみましょう。
　①（　　）「ぼくのまんがを よごした」と おこる
　②（　　）あやまっているから ゆるすけど，「これからは気をつけて」と 言う
　③（　　）あやまっているから ゆるすけど，次からは かさないことにする
　④（　　）その子のまんがを 同じように よごして，しかえしする
　⑤（　　）「新しいまんがを 買って 返せよ」と 言う
　⑥その他（　　　　　　　　　　　　　　　　　　　　　　　　　　　　）

3．2について ○・△・×の理由を考え，話し合ってみましょう。

4．あなたなら，こんなとき どうしますか？

名前

5．セリフを考えてみましょう。

友だちが あなたがかしてあげた まんがを 返しにきました。

友だち：まんがを かしてくれて ありがとう。じつは，ジュースをこぼして よごしてしまったんだ。ごめん。

あなた：

友だち：

6．ロールプレイをしてみましょう。

7．ロールプレイをしてみた感想や，気づいたことを 書いてみましょう。

☞ かした物をよごされたとき，友だちが あやまったら，
（　　　　　　　　　　　　　　）。
☞ あなたが大切にしていて よごされたら いやだと思う物は，友だちに「かして」と言われても「これは，ぼくの大切な物だから」と 理由を言って（　　　　　　　　　）ことも １つの方法だね。

★あなたが大切にしている物には，どんな物が ありますか？

指導と解説

⑰ かした物をよごされた

ねらい

☑ 人に貸した物を，汚されたり壊されたりしても，相手の人がわざとしたのでないときは相手が謝れば許してあげることができる。

指導上の留意点

✎ 設問1

友だちに貸した物が，汚れたり壊れたりして返ってきたことがあるかどうか聞き，そのとき，どう思ったか聞きます。

経験したことのない子にも，もし，そういうことがあったらどう思うかを考えさせます。

✎ 設問2

☺ ①「おこる」④「しかえしする」に○をつける子には…

→相手はわざとしたのではないこと，謝っていることなどを考慮するよう伝えます。

①④の対応をするとそのあとどうなるかを考えさせ，ケンカにならない方法を考えさせます。

☺ ③「次からはかさないことにする」に×をつける子には…

→"貸さない"と，友だち関係が悪くなると思っている場合は，相手の気を悪くさせずに断る言い方はないか考えさせます。

例）「ごめん，これとても大切にしているから，だれにもかせないんだ」

☺ ⑤「『買って返せよ』と言う」に○をつける子には…

→お金が絡む解決策については，子ども同士でどうするかを決めてしまわず，必ず親と一緒に話し合うことを確認します。

このワークの後で

◆相手がわざとしたわけではなくても，自分がいやな気持ちになる場面にはどんなものがあるか考えます。

例）廊下ですれ違った子の手が当たった
　　友だちの体が当たって机の上の筆箱が落ちた

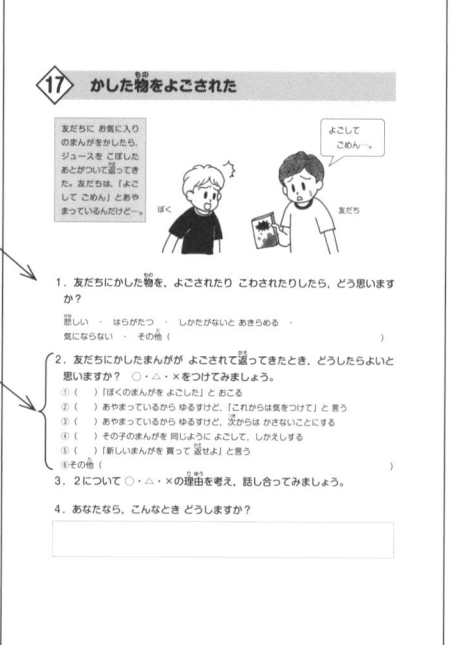

たとえばこんな子に…

- 自分の物を少しでも汚されたり壊されたりすると,「買って返せ」「元通りにしろ」と怒る子
- 自分が不快に感じたら,相手がわざとしたことでなくても許せない子

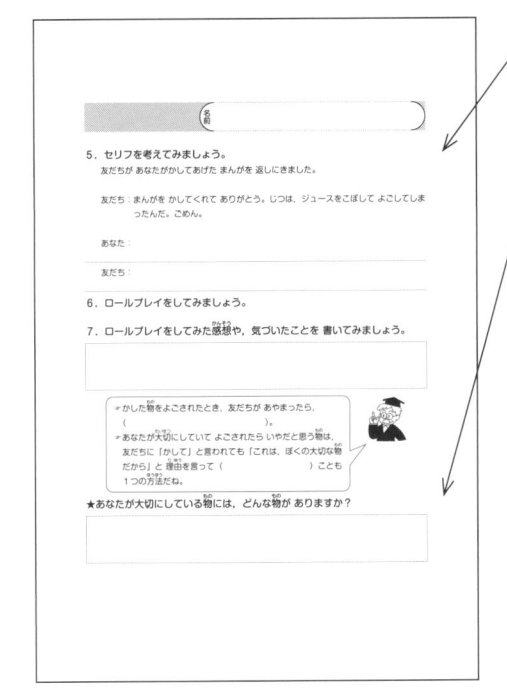

✏ **設問5**

謝っている相手の気持ちを考え,相手を必要以上に責めることのないように,セリフを考えます。

★
自分が大切にしている物にはどんな物があるかあげさせ,大切にしている理由を聞きます。
発表を通して,人によって大切にしている物は違うということもあわせて確認します。
もし,大切にしている物を,友だちから「かして」と言われたら,どうすればよいか考えます。

- 「貸して」と言われたら断ってはいけないと思っている子には…

→「自分にとって大切な物(壊されたくない物,汚されたくない物)は,『貸して』と言われても断ってもよい」ことを説明します。
　必要であれば,どういうことばで断ればよいかを考えます。
　例)「誕生日に買ってもらった大事な物だから,貸してあげられないんだ。ごめんね」

それぞれの場面で,相手がわざとしているわけではないこと,相手が謝ったら許してあげることを確認します。

〈石川　聡美〉

18 仲間(なかま)に入れてほしい

> みんながトランプをしていて楽しそうだな。ぼくも 仲間(なかま)に入れてほしいんだけどな…。

ぼく

1. あなたは，遊びに入れてほしいのに，どうしたらいいのか こまったことが ありますか？

ある ・ ない ・ わからない

2. 遊びに入れてほしいとき，どうしたらよいと思いますか？
    ○・△・×をつけてみましょう。
    ① (　) 友だちを つついたり，トランプを 取(と)り上げたりする
    ② (　) 「入れて」と言う
    ③ (　) みんなの周(まわ)りを うろうろする
    ④ (　) 「○○くんがジョーカーを持(も)ってるよ」と みんなに 教える
    ⑤ (　) 「何してるの？」と聞いて，「いっしょにする？」と さそってくれるのを 待(ま)つ
    ⑥ (　) 何も言わずに となりにすわって，無理(むり)やり 仲間(なかま)に 入ってしまう
    ⑦その他(た)(　　　　　　　　　　　　　　　　　　　　　　　　　　　)

3. 2について ○・△・×の理由(りゆう)を考え，話し合ってみましょう。

4. あなたなら，こんなとき どうしますか？

名前

5．セリフを考えてみましょう。
みんなが 楽しそうにトランプをしています。『ぼくもいっしょにしたいな…』

あなた：

友だち：

あなた：

6．ロールプレイをしてみましょう。

7．ロールプレイをしてみた感想（かんそう）や，気づいたことを 書いてみましょう。

☞遊びに入れてほしいとき，だまって みんなの周（まわ）りをうろうろしたり，
ちょっかいをかけたりしても，あなたの気持（きも）ちは わかってもらえないよ。
ことばに出して，「　　　　　　　　」と 思いきって 言ってみよう。

指導と解説

18 仲間に入れてほしい

ねらい

☑ 遊びに入れてもらう言い方を考える。
☑ 友だちをいやな気持ちにさせないようなふるまい方を知る。

指導上の留意点

✎ 設問１
仲間に入りたいけどうまく入れなかったことがあるかどうか聞きます。それが，どういう場面だったかを尋ねます。

✎ 設問２
☺ ③「みんなの周りをうろうろする」⑤「『いっしょにする？』とさそってくれるのを待つ」に○をつけた子には…

→周りの子が気づいて誘ってくれることもありますが，気づいてもらえないこともあります。仲間に入れてもらうためには，「入れて」などの言葉で自分から意思表示することが大切であると伝えます。

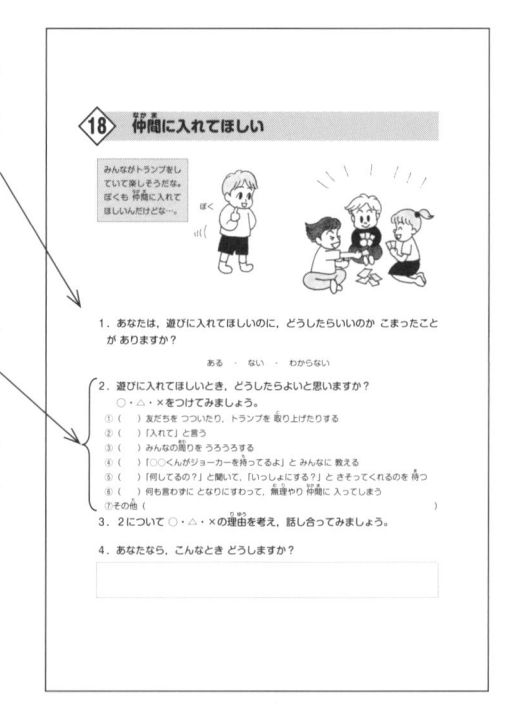

生活の中での指導

◆実際の場面でうまく仲間に入ることができないときは…
　・指導者が子どもの前でやってみせます。
　・必要に応じてことばを一緒に考える，タイミングを具体的に教えるなどの支援をします。
　・子どもの様子を見ながら少しずつ支援を減らしていきます。

たとえばこんな子に…

- 自分から「入れて」と声をかけられない子
- 周りでうろうろしたり，ちょっかいをかけたりして，入れてほしいとアピールする子

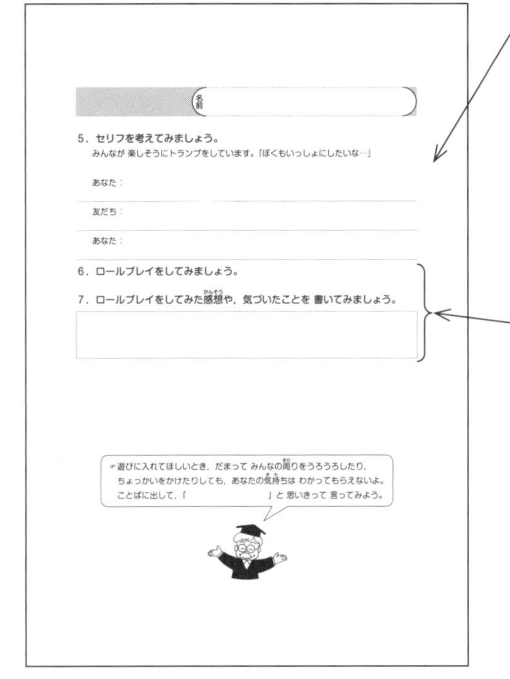

設問5
入れてほしくても，どう言えばよいのかわからない子もいます。ロールプレイに取り組む前に，入れてもらうときにはどんなことばで言えばよいか意見を出し合います。
　例）「ぼく／わたしもやりたい」
　　　「入れて」
　　　「いっしょにやっていい？」

設問6・7
ロールプレイをしているときにビデオを撮り，声をかけるタイミングや言い方・態度が適切かどうか，みんなで振り返りましょう。

〈竹林　由佳〉

19 みんなで遊んでいるとちゅうでやめたくなった

みんなで おにごっこを していたけど,とちゅうで やめたくなった…。

ぼく

1．みんなと遊んでいるとちゅうで やめたくなったことがありますか？

　　　　　　　　　ある　・　ない　・　わからない

2．みんなと遊んでいるとちゅうで やめたくなったとき，どうしたらよいと思いますか？　○・△・×をつけてみましょう。
　①（　　）みんなと遊んでいるのだから，がまんして 最後まで 続ける。
　②（　　）みんなには何も言わず，勝手に 別のことをして遊ぶ
　③（　　）「ごめん，ぼく つかれたから やめる」と みんなに言う
　④（　　）「おもしろくないから やめる」と みんなに言う
　⑤（　　）いきなり「や～めた」と言って やめる
　⑥その他（　　　　　　　　　　　　　　　　　　　　　　　　　　　）

3．2について ○・△・×の理由を考え，話し合ってみましょう。

4．あなたなら，こんなとき どうしますか？

名前

5．友だちと遊んでいて，やめたくなったとき，みんなにどんなふうに言うと，よいと思いますか？

★みんなは楽しく遊んでいるよ。その楽しい気持ち(きも)をこわさない言い方を考えよう。

6．セリフを考えてみましょう。

みんなでおにごっこをしていたけど，とちゅうでやめたくなりました。

あなた：

友だち：

あなた：

7．ロールプレイをしてみましょう。

8．ロールプレイをしてみた感想(かんそう)や，気づいたことを 書いてみましょう。

☞遊んでいるとちゅうでやめたくなっても，すぐにやめずに
少し続(つづ)けてみよう。
でも，むりに続けずに，やめたり休んだりしてもいいんだよ。
やめるときは，だまってやめずに，やめることを 友だちに（　　　）。
楽しく遊んでいる 友だちが いやな気持(きも)ちにならない
言い方をしようね。

指導と解説

⑲ みんなで遊んでいるとちゅうでやめたくなった

ねらい

- ☑ やめたいときにどんなふうに言えばよいかを学ぶ。
- ☑ 友だちをいやな気持ちにさせないようなふるまい方を知る。

指導上の留意点

✎ 設問１

みんなで遊んでいる途中でやめたくなったことがあるかどうか聞きます。
どうしてやめたくなったか理由もあわせて聞きます。
😊「負けそうだから」という子には…
→ワーク２を振り返ります。

✎ 設問２
😊 ①「がまんして最後まで続ける」に○をつける子には…
→いつも我慢してみんなに合わせる必要はないことを伝えます。③「ごめん。つかれたからやめる」のように一言謝る気持ちを伝えればみんなもいやな気持ちにはならないと教えます。
😊 ④「『おもしろくないからやめる』と言う」に○をつける子には…
→「おもしろくない」とことばに出して言うと，友だちはいやな気持ちになることを伝えます。

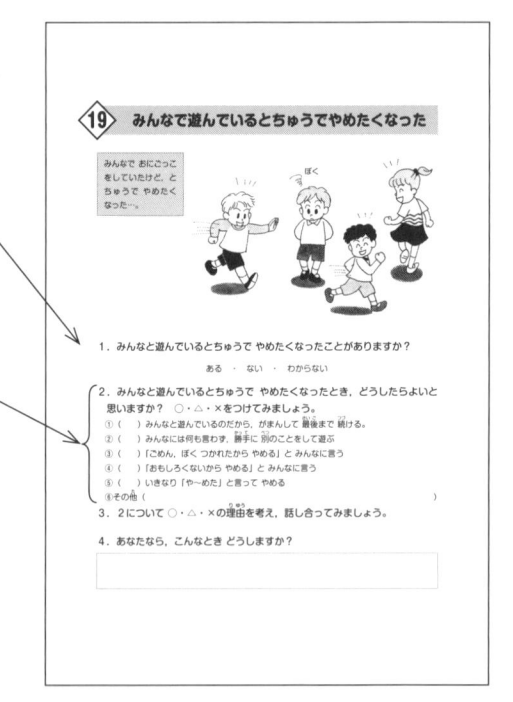

このワークの後で

◆望ましい対応が実践できるよう，ゲームをする場を設定します。
　遊んでいる途中で抜けることを体験します。順番にやってみて，楽しんでいる雰囲気をこわさずにやめられたかどうか，グループで感想を言い合いましょう。
　また，指導者からも，よかったところやどうすればもっとよくなるかを伝えましょう。

たとえばこんな子に…

☺ 遊びの途中で，勝手に抜けてしまう子
☺ やめたくなっても，我慢して続ける子
☺ やめたくなったときに，「おもしろくない」などと言ってしまう子

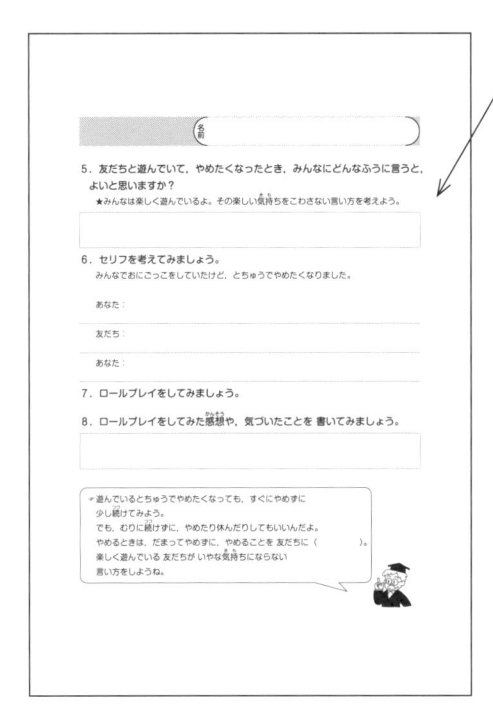

✏ **設問5**

みんなと遊んでいて自分がやめたくなったとき，どういう言い方がよいか考えます。他の子がやめるときにどういう言い方をされたらいやな気持ちにならないかという視点で考えるのもよいでしょう。

　例）「ごめんね，ちょっと休みたいんだけど」
　　　「ちょっと抜けていい？」

※一方的に「抜けるね」と言うよりは，「いい？」と周り（相手）の同意を求める言い方のほうがよい，ということも必要に応じて伝えます。

・どう言えばよいかわからなくて困っている子には，「～と言うといいよ」と伝え，うまくいったときに「うまく言えたね」と評価します。
・「やめる」と言われた側の応答のしかたも，考えておきましょう。

〈竹林　由佳〉

⟨20⟩ 何かしているときに，友だちにさそわれた

家で本を読んでいたら，友だちが「外で遊ぼう」とさそいにきた。でも，ぼくは 外で遊ぶより，まんがの続き（つづ）を読みたいんだけどな…。

外で遊ぼう！

ぼく

友だち

1．あなたは，何かしているときに 友だちに 他（ほか）のことに さそわれて，こまったことがありますか？

　　　　　　　　　　ある ・ ない ・ わからない

2．何かをしているときに 友だちにさそわれたら，どうしたらよいと思いますか？ ○・△・×を つけてみましょう。
- ①（　）まんがを読みたいので，「イヤ！」「ムリ！」と言う
- ②（　）「さそってくれてありがとう。でも今日はまんがを読みたいから，またこんど遊ぼう」と言う
- ③（　）「今，まんがを読んでいるから，○○くんもいっしょに読まない？」と聞いてみる
- ④（　）ことわるのは悪いことだから，まんがを読むのをがまんして，外へ遊びに行く
- ⑤（　）まんがは帰ってから読めるから，外へ遊びに行く
- ⑥（　）「何をするの？」と聞いて，まんがより おもしろそうなら 外へ遊びに行く
- ⑦その他（た）（　　　　　　　　　　　　　　　　　　　　　　　　　　）

3．2について ○・△・×の理由（りゆう）を考え，話し合ってみましょう。

4．あなたなら，こんなとき どうしますか？

名前

5．もし反対に，あなたが 友だちをさそったとき，理由を言わずに「イヤ！」「ムリ！」と言われたら，どう思いますか？ あてはまるものに○をつけましょう。
① （　　）「どうして そんな言い方をするのかな」と思う
② （　　）「せっかく さそったのに…」と思う
③ （　　）「もう 二度と さそわない」と思う
④ （　　）「しかたがない」と思う
⑤ （　　）気にならない
⑥その他（　　　　　　　　　　　　　　　　　　　　　　　　　　　）

6．セリフを考えてみましょう。
　　家で本を読んでいたら，友だちがさそいに来ました。

　　友だち：外で遊ぼう！

　　あなた：

　　友だち：

7．ロールプレイをしてみましょう。

8．ロールプレイをしてみた感想や，気づいたことを 書いてみましょう。

☞さそわれたのに 他にやりたいことがあって ことわるときは，まず さそってくれたことに（　　　　　　　）を言おう。
　そして，どうしてことわるのか（　　　　　　　）を言おう。
☞せっかく さそってくれたのだから，ときには 友だちと
　（　　　　　　　　　　　　　　　）のもいいね。

指導と解説

20 何かしているときに，友だちにさそわれた

ねらい

☑ 相手にいやな思いをさせない断り方を知る。

指導上の留意点

✎ 設問1
友だちに誘われて困った経験があるか，子どもに聞きます。また，そのようなときはどうしているかみんなで意見を出し合います。

✎ 設問2
☺ ①「『イヤ！』『ムリ！』と言う」に〇をつける子には…
→断ることばだけを言うと，言われた人はいやな気持ちになると伝えます。
☺ ④「ことわるのは悪いことだからがまんする」に〇をつける子には…
→何か理由のあるときは，断ってもよいことを伝えます。

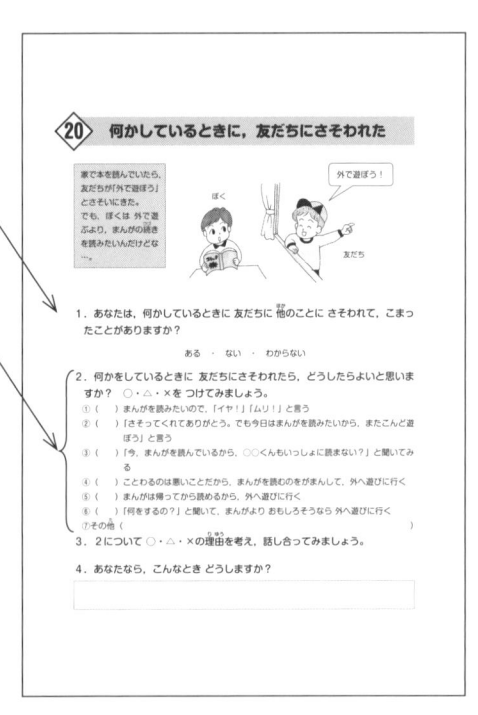

生活の中での指導

☺ 断りにくそうにしている子には…
→断ってもよいことを伝えます。
　望ましい断り方を，指導者から具体的に教えます。

たとえばこんな子に…

- 「イヤ」「ムリ」とひとことで断ってしまう子
- うまく断れない子
- 自分と他人との折り合いをうまくつけられない子

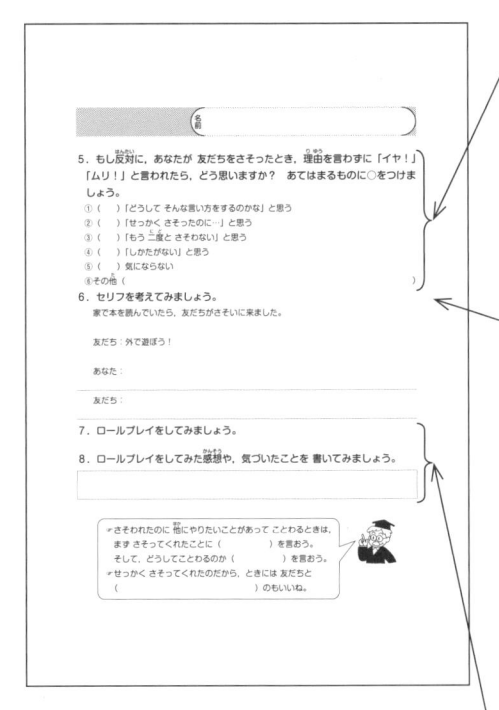

設問5
自分がはっきり断られたらどう思うか，自分と相手の立場を入れ替えて考えます。
- ⑤「気にならない」を選ぶ子には…
→多くの人は，一言で「イヤ」「ムリ」と言われると腹が立つことを教えます。

設問6
ロールプレイをする前に，断るときの適切な言い方をみんなで考えます。
　例）「（誘ってくれて）ありがとう，でも…（理由を言う）」
　　　「またさそってね」
　　　「ごめんね」
下のような内容がセリフに入っているか確かめます。
・誘ってくれたお礼を言う
・断る・謝る
・一緒に遊べない理由を言う
次の機会に誘ってもらえるような言い方をするよう練習しましょう。

設問7・8
ロールプレイをしているときにビデオを撮り，言い方や態度が適切かどうか，みんなで振り返りましょう。

- 断ることばだけを言う子には…
→誘ってくれた子がいやな気持ちになることを伝えます。
　断られた側の応答の仕方も考えましょう（誘っても，断られることもあることを確かめておきましょう）。

〈竹林　由佳〉

㉑ 友だちとしたい遊びがちがう

ぼくは みんなとトランプをしたいのに，みんなは ドッジボールをしたい と言う。

みんなでトランプしよう！

いいね！

ドッジボールしよう！

ぼく

1．友だちのしたい遊びと 自分のしたい遊びが ちがっていることが ありますか？

よくある ・ ある ・ ない ・ わからない

2．友だちのしたい遊びと 自分のしたい遊びが ちがうとき，どうしたらよいと思いますか？ ○・△・×をつけてみましょう。

① (　　) はらがたつので，近くにある物（もの）を けとばす
② (　　) 「トランプをしよう」と 自分のしたい遊びを ぜったいに ゆずらない
③ (　　) ドッジボールはしたくないので，自分1人でトランプをする
④ (　　) 他（ほか）にトランプをしたい人が いないか さがしてみる
⑤ (　　) ドッジボールをしたい人が多かったら，みんなに合わせる
⑥ (　　) がまんしてドッジボールをするけど，「おもしろくない」と言う
⑦ (　　) 「次（つぎ）は トランプをしようね」と言って，みんなに合わせてドッジボールをする
⑧その他（た）(　　　　　　　　　　　　　　　　　　　　　　　　　　　　　)

3．2について ○・△・×の理由（りゆう）を考え，話し合ってみましょう。

4．あなたなら，こんなとき どうしますか？

名前

5．セリフを考えてみましょう。

　何をして 遊ぶか 決めることに なりました。

　友だち：何して遊ぶ？

　あなた：みんなで，トランプしよう。

　友だち：それよりドッジボールしよう。

　友だち：いいね。

　あなた：

　友だち：

6．ロールプレイをしてみましょう。

7．ロールプレイをしてみた感想や，気づいたことを 書いてみましょう。

☞みんなと楽しく遊ぶためには，（　　　　　　　　　）も 大切だね。
「次は ○○（自分のしたい遊び）をしよう」と言ったり，
自分と同じことをしたい友だちを見つけて さそったりするのもいいね。

指導と解説

21 友だちとしたい遊びがちがう

ねらい

☑ 友だちと意見が違ったときに，うまく折り合いをつけることができる。

指導上の留意点

✎ 設問1
友だちのしたい遊びと自分のしたい遊びが違ったことがあるか聞き，そのときどうしたかをあわせて聞きます。

✎ 設問2
😐 ②「ぜったいにゆずらない」に〇をつける子には…
→友だちと遊ぶときは，自分の主張ばかりするのではなく，譲ることも大切だと伝えます。

⑦「次は～をしようね」のように，自分のしたいことを提案した上で友だちに合わせる方法もあると伝えます。

このワークの後で

◆いくつか遊びを用意し，グループで相談して遊びを決める機会を作ります。
（普段子どもたちが楽しく遊んでいる遊びをいくつか選びます。）
・遊びが決まったら，「うまく決まったね」と指導者からみんなに伝えます。
・譲ることができた子には，「～さん／くんが譲ってくれたから，うまく決まったよ」とことばにして伝えます。

たとえばこんな子に…

- 😐 自分の意見を変えられない子
- 😐 まわりに合わせられない子
- 😐 自分と他人との折り合いをうまくつけられない子

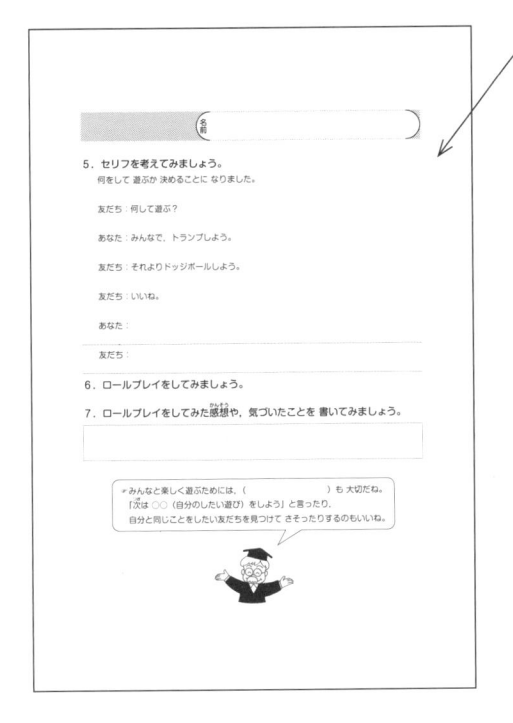

✎ **設問5**
友だちとの折り合いのつけ方についてみんなで考え，ロールプレイをします。

例）友だちに合わせて遊ぶ
　　まずは友だちのしたいことで遊び，その後自分の遊びたい遊びをする
　　自分のしたい遊びを一緒にしてくれる子を探す

・譲ることが難しい子には，「『次は〜しよう』と言うといいよ」など，指導者から声をかけ，譲りやすくなるよう促してみます。
・譲ってもらった子には，譲ってくれた子に「ありがとう」と言うとよいことを伝えます。

〈竹林　由佳〉

22 しかられている人がいる

友だちが 先生に しかられている。

ぼく　　友だち　　先生

1. 友だちが 先生に しかられているのを 見たことが ありますか？

　　　　　　ある　・　ない　・　わからない

2. 友だちが 先生に しかられているとき，どうしたらよいと思いますか？
　　　○・△・×をつけてみましょう。
　① (　　) 「あっ，あの子，しかられてる」と 他(ほか)の友だちに 言う
　② (　　) 「なんで しかられてるの？」と しかられている子に 聞く
　③ (　　) しかられているのを 見ているのも 悪(わる)いので，その場から はなれたり，見ないようにする
　④ (　　) どうして しかられているのか 気になるので，じっと見ておく
　⑤ (　　) 先生と いっしょに 友だちを しかる
　⑥その他(た)(　　　　　　　　　　　　　　　　　　　　　　　　　　　)

3. 2について ○・△・×の理由(りゆう)を考え，話し合ってみましょう。

4. あなたなら，こんなとき どうしますか？

名前

5．もし反対に，あなたが 先生にしかられたとしたら，周りの人に どうしてほしいですか？

6．セリフや行動を考えてみましょう。

友だちが先生にしかられています。

先生：○くん（友だちの名前），そうじも しないで どこに行っていたの？

友だち：ごめんなさい…。

あなた：

7．ロールプレイをしてみましょう。

8．ロールプレイをしてみた感想や，気づいたことを 書いてみましょう。

☞友だちが しかられているときは，気になるかもしれないけど じろじろ見たり，しかられた理由を聞きにいったりするのは やめておこう。

指導と解説

22 しかられている人がいる

ねらい

☑ 叱られている人の気持ちに気づき、その気持ちに配慮して行動することができる。

指導上の留意点

✎ 設問1
誰かが叱られているところを、見たことがあるかどうか聞きます。そのとき、どんな行動をとったかもあわせて聞き、次の設問につなげます。

✎ 設問2
①〜⑤に書かれていることをすると、叱られている子はどんな気持ちになるかを考えながら、○・△・×を判断させます。
叱られている子の気持ちとして「恥ずかしい」「見られたくない」「そっとしておいてほしい」などがあることを教えます。

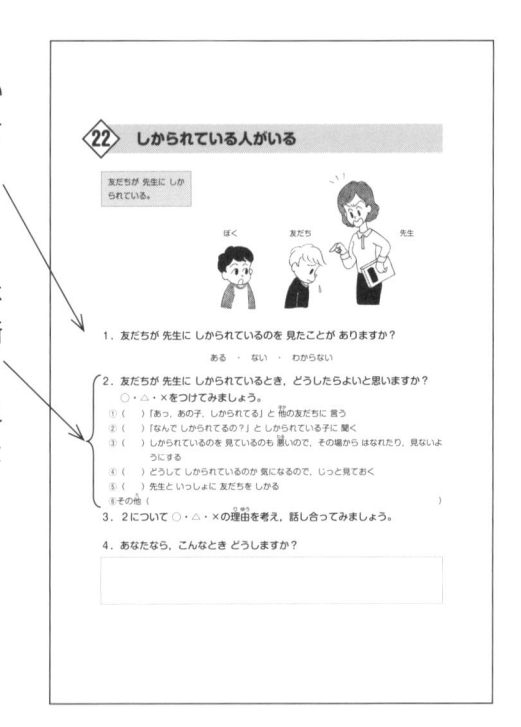

コラム　誰かが叱られている！

"誰かが叱られている" というピンと張り詰めた雰囲気が苦手な子がいます。叱られているところを見なくてすむように、叱られている子に大げさに背を向けたり（場合によっては、とてもわざとらしく見えます）、声を聞かなくてすむように自分の耳をふさいだり、叱っている声よりももっと大きな声を自分が出したりします。また、緊張の原因を取り除こうとして叱っている人に対して怒ったり、直接叩きにいったりすることもあります。どれも、自分がその場から感じた緊張感を、なんとか和らげようとした結果の行動です。

まずは、その子の感じている緊張感を十分に受け止めてあげましょう。その上で、"教室にいることが苦痛なら保健室に行ってもよい" など、実際の学校で許される行動を具体的にいくつか知らせるなど、安心できる解決策を一緒に考えておきましょう。

たとえばこんな子に…

☺ 誰かが叱られていると，気になってじろじろ見る子
☺ 叱られている最中に「どうして叱られてるの？」と聞きに行く子

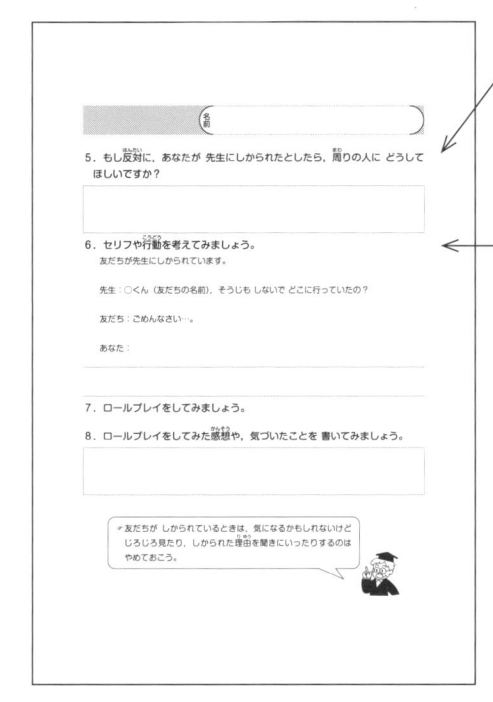

✎ 設問5
自分と相手の立場を変えて，自分が叱られているときに，周りの人にどうしてほしいかを考えます。
叱られている子が，どうしてほしいかに気づかせます。

✎ 設問6
☺ 叱られている理由をどうしても知りたいという子には…
→1）その場で理由を聞かれたら，叱られている子がどんな気持ちになるかを考えさせます。
　2）自分の好奇心より，叱られている子の気持ちを気遣うことを優先しなければならないことを伝えます。適切な行動には次のようなものがあります。
　　例）じろじろ見ない
　　　　理由を聞きに行かない
　　　　そっとその場を離れる
　3）どうしても理由が気になるときは，理由を知るための適切な方法を考えます。
　　例）その場では聞かず，後で聞く
　　　　叱られた人に直接聞かず，周りの人に聞く
　　＊3）で，理由を聞く相手やタイミングなどの判断が難しい子には，3）については説明しない方がよいでしょう。

生活の中での指導

☺ 先生と一緒になって，叱ったり注意したりし始める子には…
→「注意するのは先生の役割です」と伝え，その場から離れるように促します。

〈石川　聡美〉

23 いやなことを言われた

ドッジボールでボールを取ろうとしたら、「おまえ、さわるな」と言われた。

おまえ、さわるな！

ぼく

1．あなたは いやなことを言われたことが ありますか？

　　　　　よくある　・　ときどきある　・　ない　・　わからない

2．あなたは，人に どんなことを言われたら いやな気持ちになりますか？

3．いやなことを言われたとき，どうしたらよいと思いますか？
　　○・△・×をつけてみましょう。
　①（　　）いやなことを言った子を たたいたり，けったりする
　②（　　）「おまえこそ さわるな」と同じように言い返す
　③（　　）「そんなこと言うな」と言う
　④（　　）言い返すとケンカになるので，知らん顔をする
　⑤（　　）言われた通りに ボールを取るのを やめる
　⑥（　　）何度も言われたら，先生や家の人など 大人に 相談する
　⑦その他（　　　　　　　　　　　　　　　　　　　　　　　　　　　　　）

4．3について ○・△・×の理由を考え，話し合ってみましょう。

5．あなたなら，こんなとき どうしますか？

名前

6．セリフを考えてみましょう。
　　ドッジボールで，ボールが来たので取ろうとしました。

　　友だち：おまえ，さわるな！

　　あなた：

　　友だち：

7．ロールプレイをしてみましょう。

8．ロールプレイをしてみた感想や，気づいたことを書いてみましょう。

☞ 人に いやなことを言われたとき，
　同じように言い返すと ケンカになってしまうので，
　「　　　　　　　　　　　」と言ったり，
　知らん顔をしたり しよう。
☞ いやなことを 何度も言われるときは，大人に相談しよう！
☞ 自分が言われて いやなことば は
　人にも（　　　　　　　　　　　　　　　　　）。

指導と解説

23 いやなことを言われた

ねらい

☑ いやなことを言われたときに，適切に対応することができる。

指導上の留意点

✎ 設問2
どんなことを言われるといやな気持ちになるのかを発表し合い，人によっていやだと思うことが違っていることに気づかせます。

✎ 設問3
😊 ①「たたいたり，けったりする」，②「悪口を言い返す」に○をつける子には…
→「仕返しをしたら，その後どうなる？」と聞き，ケンカになるような対応はしないように確認します。
😊 ⑤「言われた通りにする」に○をつける子には…
→なぜそうするのか理由を聞き，「そう言われたから」と字義通りに受け取っている場合は，自分の気持ちに添った適切な対応を教えます。

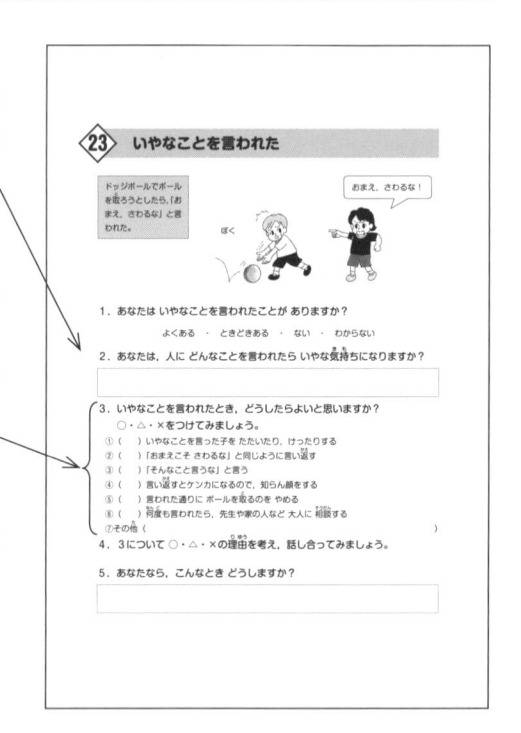

生活の中での指導

😊 日常生活の中で，いやなことを言われた子には…
→「短くきっぱりと『そんなこと言わないで』とことばで言う」，「相手が何度も言うときは，大人に相談する」などの方法を伝えます。周りの大人は，正確な状況を把握し，その状況に合った適切な対応を教えましょう。また，普段から，子どもたちの仲間作りに配慮した取り組み（→ P.115のコラム参照）をしていくことも大切です。
😊 カッとなって手を出してしまう子には…
→気持ちのコントロール方法（→ワーク1参照）を教えます。自分に合った方法をロールプレイなどを通して学び，練習します。日常場面の中でカッとなってしまったときは，最初は指導者が声をかけ，自分に合った方法でコントロールできるように援助し，うまくいった体験を積み重ねます。

たとえばこんな子に…

- いやなことを言われて，手を出す子
- いやなことを言われても，何も言えない子

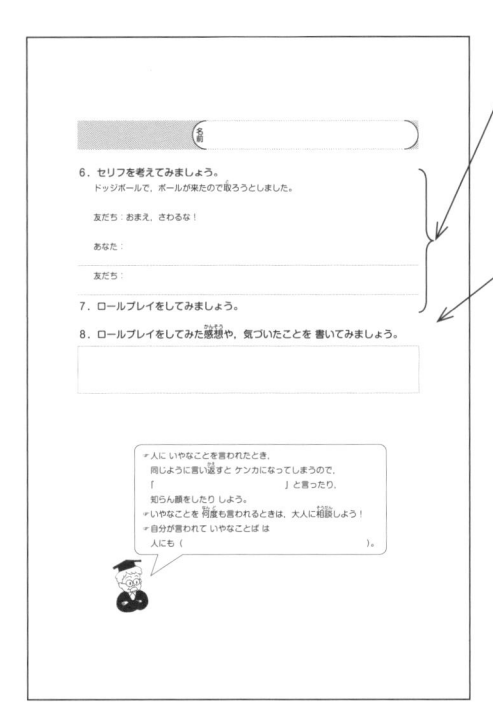

✎ **設問6・7**
セリフや行動が適切かどうかチェックします（「そんなこと言わないで」と短くきっぱりと言う，知らん顔をする，など）。

✎ **設問8**
必要以上に言い返していないかなど，ロールプレイの相手に感想を聞いたり，ビデオに撮って後からチェックしたり，指導者からアドバイスしたりします。

最後に，自分が言われていやなことば（→設問2参照）は，人にも言わないことを確認します。

コラム　苦手な子も参加できる工夫を

「自分はドッジボールが下手だから，"おまえ，取るな"と言われたら取らない。上手な人が取れば，それで収まるから」「"取るな"と言われたから，言われた通りにする」と言っている子がいました。本人が納得している場合は，それも1つの方法ですが，みんなができるだけ平等に参加することができるように，指導者が工夫する必要があるでしょう。

たとえば，バスケットボールでは「できるだけ多くの子どもがシュートを入れたチームが勝ち」「初めてシュートを入れた子どもにボーナス点を加算」（シュートを入れたら，帽子の色を変えるなど，目に見える形で示すと子どもたちによくわかります），ドッジボールでは「できるだけ多くの子どもがボールを投げたチームが勝ち」（投げたら，帽子の色を変える）などのルールを取り入れることが考えられます。

〈落合　由香〉

24 ふざけていたのに，ついついやりすぎてしまった

ふざけて 友だちと軽くたたきあっていたら，だんだん むちゅうになってしまい，止まらなくなってしまった…。

ぼく　　友だち

1．ふざけて 友だちとやり始めたこと（たたきあい，投げあいなど）で，自分が やりすぎてしまったことが ありますか？

　　　　　よくある　・　ときどきある　・　ない　・　わからない

2．ふざけて 友だちと たたきあっているとき，やりすぎてしまわないためには，どうしたらよいと思いますか？　○・△・×をつけてみましょう。
　① (　　) 友だちが笑っているかどうかを 見る
　② (　　) たたいたところが 赤くなっていないかどうかを 見る
　③ (　　) 友だちに「いたい？」と聞く
　④ (　　) 自分がいたくなったら やめる
　⑤ (　　) 自分が楽しくなくなってきたら やめる
　⑥その他（　　　　　　　　　　　　　　　　　　　　　　　　　　　）

3．2について ○・△・×の理由を考え，話し合ってみましょう。

4．あなたなら，こんなとき どうしますか？

　　　　　　　　　　　名前

5．セリフを考えてみましょう。
　　☆友だちも あなたも いやな気持ちに ならないように 考えよう。

　　あなた：このわざを うけてみろ！（友だちは 少し いたそうな顔を しています）

　　友だち：
　　―――――――――――――――――――――――――――――――――――
　　あなた：
　　―――――――――――――――――――――――――――――――――――
　　友だち：
　　―――――――――――――――――――――――――――――――――――

6．ロールプレイをしてみましょう。

7．ロールプレイをしてみた感想や，気づいたことを 書いてみましょう。

☞ふざけて始めたことでも，とちゅうから いたくなったりやめたくなったりすることがあるよ。友だちが（　　　　　　）と思っていることに気がついたら，すぐに（　　　　　　）。友だちが「やめて」と 言ったときも，すぐに（　　　　　　）。

☞友だちが，楽しいと思っているかどうかは，笑っているかどうかなどの（　　　　　　）を見たり，声の調子を聞いたりするとわかるよ。

☞友だちと遊ぶときには，自分が楽しいだけでなく，友だちが楽しい気持ちでいるかどうか 注意しておこう。

指導と解説

㉔ ふざけていたのに，ついついやりすぎてしまった

ねらい

☑ ふざけてやりすぎてしまったとき，友だちの様子を見てやめることができる。

指導上の留意点

✏ 設問1

子どもに，実際に友だちと遊んでいるうちにやりすぎてしまった経験があるかどうか聞きます。やりすぎたかどうかは，相手が泣いた，怒った，ケンカになったなどをもとに判断させます。

✏ 設問2

相手の気持ちや考えを知りたいときに，相手の何に注目すればいいかを考えながら，○・△・×をつけさせます。

😊 ④「自分がいたくなったらやめる」⑤「自分が楽しくなくなってきたらやめる」に○をつける子には…

→やめるかどうかの基準は，自分の気持ちだけではなく，相手がどう思っているか，にもあることを説明します。

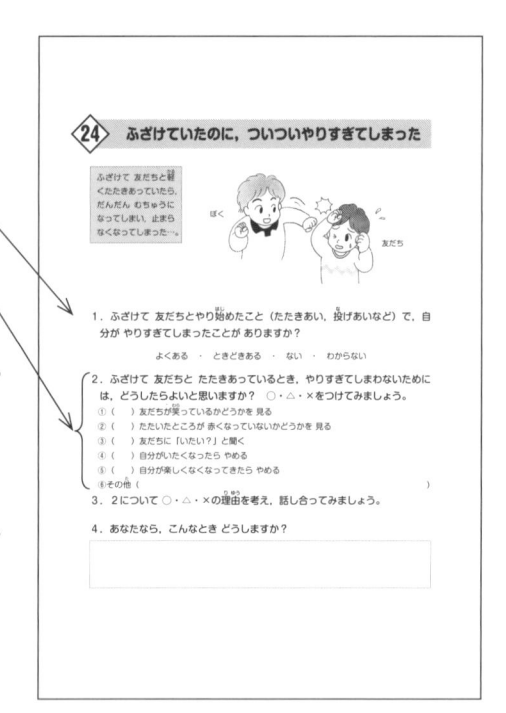

生活の中での指導

◆実際にトラブルが起きそうなときは…
・指導者がいったん子どもの動きを止めて「相手の顔を見てごらん」「どんな顔をしてる？」と声をかけ，相手の表情の変化に気づくきっかけを作ります。

◆普段の生活の中で…
・友だちと遊ぶときには，自分だけでなく相手が楽しんでいるかどうかにも気を配るよう，指導者が，意識的にことばに出して伝えます。
・相手が楽しんでいるときの表情にも目を向けさせ，表情の変化に気づきやすくしておきます。
例）「○○ちゃんも笑ってるね。楽しそうだね」

たとえばこんな子に…

😊 友だちとふざけ合っているうちに，ケンカになることが多い子

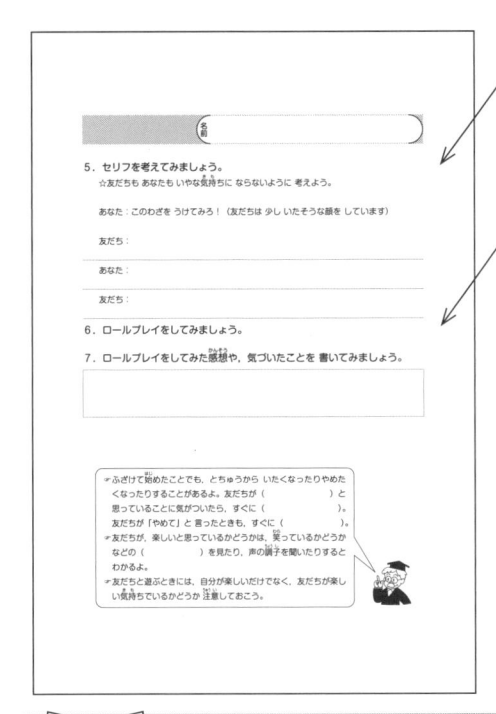

✎ **設問5**
友だちのセリフや表情に注意を向けて，自分の行動を止めることができるようなストーリーを考えます。

✎ **設問6**
相手の表情や様子をみながら，セリフが言えているかどうか，子ども同士でチェックし合い，指導者がアドバイスします。

コラム　夢中になると周りが見えなくなる

　はじめは，友だちとちょっとふざけ合って，笑いながらお互いに軽くこづきあったり押し合ったりしていたはずなのに，いつの間にか段々ヒートアップしていき，しばらくすると，かなりの強さでの叩き合いに発展してしまっていることがあります。楽しくて夢中になって続けているうちに，他の友だちや先生に力ずくで止められ，そこで初めて，相手がいつのまにか怒っていることに気づいて，びっくりするのです。友だちは何度も「やめて」と言ったようですが，叩くことに夢中になりすぎて，うまく耳に届かなかったようです。

　自分のしていることに夢中になりすぎると，その周りにあるさまざまな情報に注意が向きにくくなります。途中で，友だちの「やめて」と言う声や友だちの表情の変化に気がついていれば，叩くのをやめることもできるでしょう。ところが実際には，夢中になってやりすぎてしまい，その結果，ケンカになったり先生から叱られたりするのです。

　ワーク24の学習を通して，自分の気持ちや行動をコントロールすることが難しい子であっても，相手の表情を意識して見ることで，相手がどんな気持ちでいるのかに気づく一助にしていけるよう支援していきましょう。

〈石川　聡美〉

25　してはいけないことにさそわれた

友だちに「いっしょにゲームセンターへ行こう」とさそわれた。学校で禁止されてるんだけどな…。

ゲームセンターへ行こう。

ぼく　　友だち

1．友だちに，家や学校で「してはいけない」と言われていることに さそわれたことが ありますか？

　　　　　　　　ある　・　ない　・　わからない

2．友だちに「ゲームセンターへ行こう」などと さそわれたとき，どうしたらよいと思いますか？　○・△・×をつけてみましょう。
　①（　　）お金も持っているし，楽しそうだから，いっしょに行く
　②（　　）行きたくないけど，ことわれないので，いっしょに行く
　③（　　）はっきりことわれないので，にげて帰る
　④（　　）「約束があるから」「お金がないから」などと言って ことわる
　⑤（　　）「禁止されているから，行かない」とことわる。
　⑥その他（　　　　　　　　　　　　　　　　　　　　　　　　　　　）

3．2について ○・△・×の理由を考え，話し合ってみましょう。

4．あなたなら，こんなとき どうしますか？

名前

5．「ゲームセンターへ行こう」と言われたら，あなたは どんな気持ちになりますか？

うれしい ・ ワクワクする ・ いやな気持ちになる ・ こまる ・
めんどうくさい ・ 心配になる ・ その他（　　　　　　　　　　　　　）

6．セリフを考えてみましょう。

友だちにゲームセンターにさそわれました。

友だち：いっしょに ゲームセンターに 行こう！

あなた：

友だち：

7．ロールプレイをしてみましょう。

8．ロールプレイをしてみた感想や，気づいたことを 書いてみましょう。

☞学校や家での（　　　　　　　）は，守らなければいけないね。
　さそいを ことわるときは，上手に ことわれるように，言い方を考えておこう。
☞ことわっても，何度もさそわれるときは，（　　　　　　　）に相談しよう。

指導と解説

25 してはいけないことにさそわれた

ねらい

- ☑ してはいけないことに誘われたら、断ることができる。
- ☑ 上手な断り方を知る。

指導上の留意点

✎ 設問2

☺ ①「いっしょに行く」に○をつける（してもいいことかどうか判断がつかない・自分なりの理由で判断している）子には…

→学校や家で「してはいけない」と言われていることをあげさせ、「なぜ、してはいけないのか」を一緒に考えます。

☺ ②「ことわれないのでいっしょに行く」に○をつける（相手がこわくて断れなかったり、断り方がわからない）子には…

→相手を怒らせない断り方を教えます。
　例）「予定があるから」
　　　「お金を持っていないから」

☺ ③「にげて帰る」に×（「逃げるのはよくない」と思う）、②「ことわれないので、いっしょに行く」に○をつける子には…

→逃げたり、助けを求めたりしないと、もっと大変な状況に陥る可能性があることを説明し、その場を離れる（場合によっては家に逃げる）、親や先生など周囲の大人に相談するなどの対応を教えます。

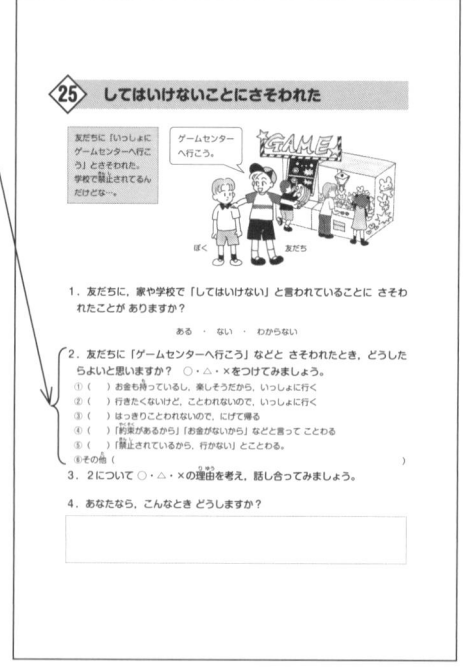

生活の中での指導

☺ 断る理由を言うときに、「本当のことではないので、嘘はつけない」と考えてしまう子には…

→本当は予定がなかったり、お金を持っていたとしても、「予定があるから」「お金がないから」といった理由を言うことで、相手を怒らせずに断ることができる、と伝えます。

たとえばこんな子に…

☺ 悪いとわかっていても，誘われるとうまく断れない子
☺ 悪いかどうか判断しないままついて行ってしまう子

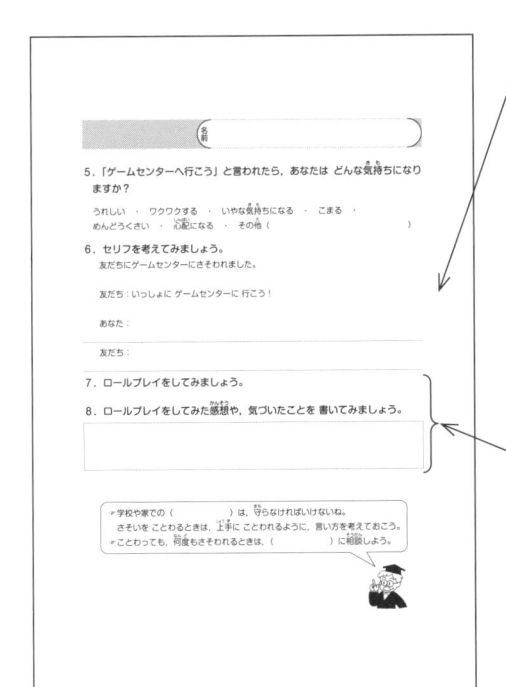

✎ 設問6
☺ 誘った子に「してはいけないんだよ」「禁止されてるよ」と過度に言ってしまう子には…
↪「してはいけない」と言うと，怒らせてしまうことがあると伝えます。
　※「悪いということを知らないから相手に教えなければいけない」と思っている場合や，「悪いことなので，相手に注意しないといけない」と思っている場合があります。

✎ 設問7・8
セリフや口調が適切かどうか，ロールプレイの相手に感想を聞いたり，指導者がアドバイスしたりします。

いろいろな状況を想定して，対処の仕方を一緒に考えてみます。断りきれない場合は，その場から逃げたり，近くにいる大人に助けを求めることも教えておきます。

〈落合　由香〉

▶▶▶友だち関係に役立つルール集

博士のワンポイントアドバイス

勝ったり負けたりするのがゲームのおもしろさ。
負けたときや，負けそうになったときは，うまく気持ちを切りかえよう。

ゲームに勝ったらうれしいけど，勝っても じまんしすぎないようにしよう。

友だちの失敗で負けても，友だちをせめないようにしよう。

グループで活動するときは，自分ばかりせずに，順番や回数を決めて，交代でしよう。

他の人があてられたときは，答えがわかっていても，まず聞こう。
答えるときは，手をあげて，当てられてから，発表しよう。

話したいことがあっても，今話しかけてよいかどうか，様子を見よう。
話しかけるときは，友だちが，その話に興味があるかどうか考えてから，話そう。

友だちのことを「こんなことも知らないのか」と思っても，言わないようにしよう。
やさしく教えてあげるといいね。

だれだってまちがえることがある。次は同じまちがいをしないことが大切だよ。
「まちがっているよ」と言われたら，おこらずに，まちがったところを直そう。

友だちとの約束の時間にはおくれないようにしよう。
おくれそうなときは，いそいで行こう。
友だちが約束の時間におくれても，おこらずに しばらく待とう。
あやまったときは，ゆるしてあげよう。

自分の物が見つからないときは，すぐに人のせいにせず，まずさがしてみよう。

ほしくないプレゼントやおみやげをもらっても，「ありがとう」と言って受け取ろう。

友だちの物(もの)をかりたいときは,「かして」と言おう。
かしてもらえないこともあると知っておこう。

友だちに「かして」と言われても,かしたくないときは,上手(じょうず)にことわろう。

わざとでなくても,人の物(もの)をこわしたときは,正直(しょうじき)にあやまろう。

友だちにかした物(もの)をよごされたときでも,友だちがあやまったら許(ゆる)してあげよう。

遊びに入れてほしいときは,思いきって「入れて」と言ってみよう。

遊んでいる とちゅうで やめたくなったときは,だまってやめずに,友だちに言おう。

友だちにさそわれて ことわるときは,まずさそってもらったことにお礼(れい)を言って,ことわる理由(りゆう)を言おう。

友だちとしたい遊びがちがうときは,まず友だちに合わせてやってみて,次(つぎ)に自分のしたい遊びにさそってみよう。

友だちがしかられているときは,じろじろ見たり,しかられた理由(りゆう)を聞いたりしないでおこう。

いやなことを言われたり,されたときは,「やめて」とことばで言おう。
何度(なんど)も言われるときは,大人に相談(そうだん)しよう。

最初(さいしょ)はふざけて始(はじ)めたことでも,友だちが やりすぎたときは,「やめて」と言おう。
友だちが「やめて」と言ったら,すぐにやめよう。

学校や家で禁止(きんし)されていることにさそわれたら,上手(じょうず)にことわろう。

【編者紹介】

西岡　有香（にしおか　ゆか）

神戸市立外国語大学英米学科卒業。大阪教育大学特殊教育特別専攻科修了。大阪教育大学研究科障害児教育専攻修了，教育学修士。言語聴覚士，学校心理士，特別支援教育士スーパーバイザー。日本LD学会理事。病院のリハビリテーション科でスピーチセラピストとして勤務したのち，1994年より2006年まで神戸YMCAにおいて発達障害のある子どものためのサポートプログラム主任講師として勤務。現在，大阪医科大学LDセンターに勤務。そのほか，大阪市等で特別支援教育専門家チームの一員として学校園の巡回相談にあたっている。

【執筆者紹介】

落合　由香　神戸YMCAサポートプログラム講師（西宮・西神戸ブランチ）。特別支援教育士SV，臨床発達心理士，学校心理士。

石川　聡美　神戸YMCAサポートプログラム講師（西神戸ブランチ）。特別支援教育士。

竹林　由佳　神戸YMCAサポートプログラム講師（西宮ブランチ）。特別支援教育士。

【イラスト】

かわはら　みわ

こんなときどうする?!
友だちと仲よくすごすためのスキルアップワーク
―発達障害のある子へのソーシャルスキルトレーニング（SST）―

| 2012年11月初版第1刷刊 | ©編　者 | 西　岡　有　香 |
| 2025年7月初版第13刷刊 | 発行者 | 藤　原　久　雄 |

発行所　明治図書出版株式会社
http://www.meijitosho.co.jp
(企画)佐藤智恵(校正)関沼幸枝・斉藤三津男
〒114-0023　東京都北区滝野川7-46-1
振替00160-5-151318　電話03(5907)6704
ご注文窓口　電話03(5907)6668

＊検印省略　　組版所　株式会社カシヨ

本書の無断コピーは，著作権・出版権にふれます。ご注意ください。

Printed in Japan　　　　　　　　ISBN978-4-18-052571-3

通常の学級でやさしい学び支援

好評！シリーズ

竹田契一 監修

どの子もできた！につながる教材のユニバーサルデザイン！

① 読み書きが苦手な子どもへの〈基礎〉トレーニングワーク
0894・B5横判・2373円　村井敏宏・中尾和人 著

② 読み書きが苦手な子どもへの〈つまずき〉支援ワーク
0895・B5横判・2058円　村井敏宏 著

③ 読み書きが苦手な子どもへの〈漢字〉支援ワーク　1～3年編
0896・B5横判・1890円　村井敏宏 著

④ 読み書きが苦手な子どもへの〈漢字〉支援ワーク　4～6年編
0897・B5横判・2058円　村井敏宏 著

うきうき！わくわく！学習が楽しくなるワーク集

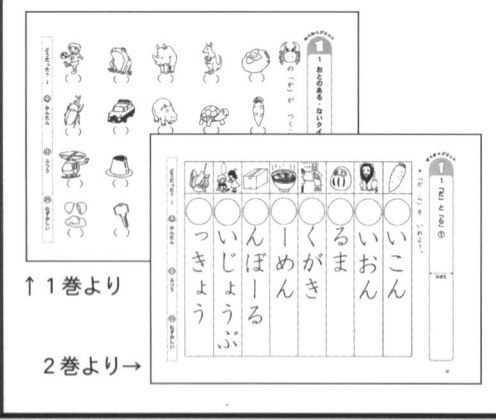

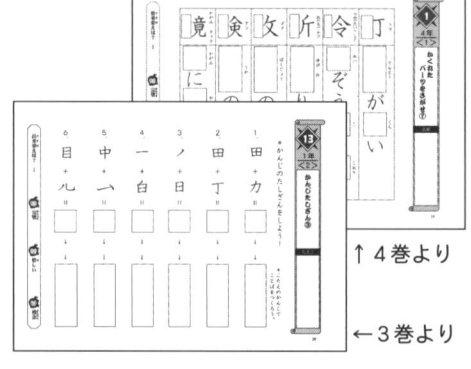

↑1巻より　2巻より→　↑4巻より　←3巻より

明治図書　携帯からは明治図書MOBILEへ　書籍の検索，注文ができます。▶▶▶
http://www.meijitosho.co.jp　＊併記4桁の図書番号（英数字）でHP，携帯での検索・注文が簡単に行えます。
〒170-0005　東京都豊島区南大塚2-39-5　ご注文窓口　TEL 03-3946-5092　FAX 050-3156-2790